Bilder: photocase
www.photocase.de

© 2007
Herstellung und Verlag: Books on demand GmbH,
Nordersted

Dieses Buch wurde mit freundlicher Unterstützung der Stiftung CommuniTYCation realisiert.

www.stiftung-communitycation.de

Die Redaktion übernimmt keine Haftung für Inhalte von Webseiten, auf die in diesem Buch verwiesen wird.

ISBN 978-3-8334-9854-1

Printed in Germany

MANAGEMENT-Wissen

Zusammengetragen vom Autorenteam:

Kerstin Fuchs
Klaus Kuhn
Stefanie Ohnrich
Josef Schulte

In Zusammenarbeit mit
Dr. Erik Müller-Schoppen

Die Verfasser

Dr. Erik Müller-Schoppen,
Jahrgang 1949, Promotion über Psychoanalyse und Erziehungswissenschaften. Zusätzliche Ausbildung in Gesprächspsychotherapie und Hypnose. Er ist seit vielen Jahren Dozent für Psychotherapie und Managementtraining sowie Initiator und wissenschaftlicher Berater dieses Fachbuches.

Kerstin Fuchs,
Jahrgang 1976, Geschäftsstellenleiterin bei der VR BANK eG. Die Erfahrung durch Mitarbeiterführung, Schulung von Auszubildenden und die Dozententätigkeit bei der Wirtschaftsakademie Pfalz, animierten sie nach zusätzlicher Ausbildung zur psychologischen Managementtrainerin, an diesem Fachbuch mitzuwirken.

Klaus Kuhn,
Jahrgang 1970, technische und betriebswirtschaftliche Ausbildung. Seine Tätigkeit als Führungskraft und Fachreferent in der Industrie, die zusätzliche Ausbildung zum psychologischen Managementtrainer für Individualcoaching und Persönlichkeitsentwicklung sowie seine Aktivitäten als freiberuflicher Trainer und Coach bewegten ihn, dieses Buch zu organisieren.

Stefanie Ohnrich,
Jahrgang 1978, hat 2002 ihre Ausbildung zur Logopädin abgeschlossen und ist seit 2005 in diesem Beruf in eigener Praxis selbstständig. Ihre Arbeit setzt häufig psycho-logisches Geschick voraus, daher bildete sie sich mit dem Kurs zur psychologischen Managementtrainerin fort. Die daraus gewonnenen Kenntnisse setzt sie in ihrem beruflichen Alltag um und brachte somit in diesem Buch Ihre Erfahrungen ein.

Josef Schulte,
Jahrgang 1957, arbeitet Unternehmensstrategien für den Hotel- und Gaststättenbereich aus. Er verfügt über fünfzehn Jahre Erfahrung als Hotelmanager, sechs Jahre Erfahrung als Interimsmanager in Sanierungsbetrieben und ist diplomierter Managementtrainer mit nationaler und internationaler Erfahrung. Seine Mitarbeit an diesem Buch stand unter seinem Motto "Erfolg ist individuell".

Inhalt

Vorwort

Der Mensch im Mittelpunkt

Der Mitarbeiter, seine Motivation, Kreativität und Leistungskraft wird längst als wichtigster Erfolgsfaktor moderner Unternehmen und Organisationen auf allen betrieblichen Ebenen erkannt.
Seine Effizienz ist davon abhängig, inwieweit es gelingt, seine persönlichen Zielsetzungen und Wertvorstellungen mit den Unternehmenszielen in Einklang zu bringen.

Dazu genügen Betriebsausflug, hochglanzgestylte Firmenphilosophie, Phrasen und Parolen in Einpeitscherseminaren längst nicht mehr. Stattdessen wächst die Einsicht, und das längst auch in mittelständischen Betrieben, dass die Mitarbeiter mehr individuelle, auf ihre Lebenssituation abgestimmte Führung und Schulungsmaßnahmen benötigen.

Mit diesem Fachbuch wird daher die Quintessenz der auf dem Markt häufig nachgefragten Themen, die für die Arbeit der Trainer, Führungskräfte und Coaches wichtig sind, herausgefiltert.
Die Themen sind modular aufgebaut, bewusst praxisnah geschrieben und können daher bei allen Kommunikationsprozessen im alltäglichen (Berufs-) Leben verwendet werden.

1. MOTIVATION

Was benötigt man zum Durcharbeiten eines Lehrbuches am dringendsten? - Motivation! Aus diesem Grund haben wir uns entschieden, mit diesem Thema zu beginnen. Dennoch ist es uns wichtig, noch einmal zu betonen, dass dieses Buch modular aufgebaut ist und es Ihnen selbstverständlich freisteht zu entscheiden, mit welchem Kapitel Sie starten.

1.1. Innere und äußere Motivation

Hinter jedem (Lern-)Ziel steht immer der Wille, dieses Ziel auch erreichen zu wollen. Dies ist das Motiv, welches als Grundlage für die Motivation dient. Aus dem Motiv erwächst die eigentliche Motivation: der Antrieb, ein Ziel zu erreichen. So sind beispielsweise Neugierde und Interesse, Belohnung und Gruppendruck wesentliche Motivationen im Lernumfeld. Man unterscheidet im Wesentlichen zwischen Druck von außen (Gruppendruck und Belohnung) und Druck von innen/aus eigenem Antrieb (Neugier und Interesse).

Es hat sich herausgestellt, dass die Motivation, die aus dem Lernenden selbst entspringt, länger anhält und intensiver ist, als die Motivation, die von außen kommt. Man muss also versuchen, sich selbst - von innen heraus - so effektiv wie möglich zu motivieren, bzw. Sie als Trainer oder Vorgesetzter sollten immer versuchen, die innere Motivation bei Ihren Klienten oder Mitarbeitern zu wecken.

Erste Voraussetzung dafür ist, dass der Lernende einen Sinn in seinem Tun erkennt, beispielsweise den Zusammenhang zu seiner beruflichen Situation herstellen kann. Wichtig ist es, dass man den Lernstoff transparent vermittelt, damit die Lernenden immer vor Augen haben, warum sie etwas lernen sollen. Ist ihnen dies nicht ersichtlich, ist der Pegel der Motivation wesentlich geringer. Machen Sie den Sinn des zu lernenden Stoffs also immer möglichst erkennbar für Ihre Klienten oder Mitarbeiter.

Der Sinn wird meist erst in Verbindung mit der Zielsetzung deutlich, also muss man, um sich den Sinn wirklich klar machen zu können, auch das Ziel möglichst klar formulieren und dieses immer als Hintergrund des Lernprozesses sehen. Lassen Sie Ihre Klienten oder Mitarbeiter deren Ziele klar und deutlich formulieren!

Zielklarheit und das Erkennen des Sinnzusammenhangs allein werden als Dauermotivator allerdings keineswegs ausreichen. Also unterteilt man das Gesamtziel in verschiedene, erreichbare Etappenziele. Durch das Erreichen dieser Teilziele hat man ein (mehr oder minder) kleines Erfolgserlebnis. Dieser erlebte Erfolg wird die vorhandene Motivation verstärken. Grobziele sollten also immer in kleinere, erreichbare Feinziele unterteilt werden. Über das Erreichen eines Teilziels sollte man sich auch freuen können und sich entsprechend belohnen (Motivation von außen selbst schaffen).

Wie eingangs bereits erwähnt, gibt es mehrere Arten von Motiven, die man für die Motivation nutzen kann. Je mehr dieser Motive man für seine Zielerreichung nutzen kann, desto stärker wird letztendlich auch die eigene Motivation. Mögliche Motive sind Interesse an der Sache, Wettkampfgeist, Wissensdrang, Vollendungsstreben, usw. Sprechen Sie also möglichst viele dieser Motivationsarten an, indem Sie die Art der Motivation lenken.

Um sich optimal motivieren zu können, sollte man also ebenfalls die Motivationsarten, die von außen kommen, nutzen. Beispielsweise könnte man sich bei Erreichen eines Teilziels wie z. B. dem Beenden eines Kapitels im Lehrbuch mit einem Abend im Kino belohnen, bei

Beförderung im Betrieb z. B. mit einer Reise. Wichtig ist in diesem Zusammenhang ein adäquates Verhältnis zwischen Leistung und Belohnung. So wäre es eher hinderlich nach zwei gelesenen Textabschnitten sich bereits einem viel interessanteren Roman zuzuwenden. Sinnvoller wäre an dieser Stelle eher eine Tasse Kaffee oder Ähnliches. Auch Durststrecken sollte man vermeiden. Nichts ist motivierender als Erfolg, und eben diesen sollte man durch erreichbare Teilziele oft erfahrbar machen.

1.2. Motivationsstörungen

Das Schwierigste an der Motivation ist mit Sicherheit das Vermeiden von Motivationsstörungen. Die Disziplin für die Erledigung einer Aufgabe dauerhaft aufzubringen und nicht etwas Nebensächliches zu erledigen, haben wirklich nur wenige. Um solche Störungen zu vermeiden, ist es einerseits leider unabdingbar, eine gewisse Disziplin aufzubauen, andererseits kann man diesen aber auch dadurch entgegenwirken, dass man sie vor dem Lernen erledigt. So sollte man z. B. die Küche putzen, bevor man sich den Büchern widmet, oder den Arbeitsplatz aufräumen, bevor man mit der Arbeit beginnt und so fort. Ebenso sind Motivationsstörungen auf emotionaler Ebene zu finden. Hat man sich z. B. über etwas sehr aufgeregt und "kocht" innerlich noch, dann hat man auch keine Ruhe zu lernen. Dann ist es sinnvoller erst einmal "Dampf" abzulassen und sich zu beruhigen. Abhilfe können zum Beispiel Sport oder auch eine Entspannungstechnik, wie autogenes Training, schaffen.

1.3. Effektivität – eine Quelle der Motivation

Effektivität kann eine Quelle der Motivation, also auch der Freude sein. Je effektiver man handelt, desto leichter geht die Arbeit von der Hand, desto größer können die Aufgaben und Herausforderungen sein, deren Erfüllung man sich zutraut. Man erlebt die Freude am Erfolg selbst und den Stolz darauf, wenn man zurückblickt. Die Arbeit als solche hat sich vielleicht nicht geändert, aber nicht sie ist es, die zählt und worauf man fixiert ist, sondern die Wirksamkeit, mit der man sie erledigt hat, vermittelt einem ein Gefühl an Befriedigung.

Je effektiver man sich mit etwas befasst und je gründlicher und ernsthafter man es tut, desto interessanter wird es. Eine wesentliche Quelle von Langeweile und Frustration ist die Oberflächlichkeit, mit der viele Leute an etwas herangehen.

Fazit – Wo immer die Arbeit Freude machen kann, ist das in Ordnung. Aber noch viel wichtiger ist, dass die Ergebnisse der Arbeit und die Effektivität, mit der sie getan wird, Freude machen und Stolz vermitteln (1).
(1) Führen Leisten Leben, Fredmund Malik

Gute Führungskräfte und Trainer schauen primär auf

das Zweite. Sie verhelfen damit ihren Klienten oder Mitarbeitern und sich selbst zu einem sehr viel höheren und stabileren Maß an Motivation und Erfüllung.

1.4. Mitarbeiter für sich und die Aufgaben gewinnen

Wer zeitgemäß führen will, motiviert nicht, sondern verhindert Demotivation. So lautet das Credo, das sich dank Bestsellerautor Reinhard Sprenger und seinem "Mythos Motivation" geradezu epidemisch in den Köpfen der Führungskräfte verbreitet hat. Bewiesen ist damit jedoch sicher eins: die Konditionierung funktioniert doch - Skinner sei Dank (das ist der mit den "Tauben" im Käfig).

Dem "Mythos Motivation" glaubten viele Führungskräfte und Unternehmer aus ihrer Lebenserfahrung nicht. Zu sehr, so zeigt das "real-existierende" Leben, ist der Mensch aus unterschiedlichsten Gründen auf Anerkennung und Zuwendung aus.

So bleibt frei nach Konrad Adenauer "Die Menschen muss man nehmen, wie sie sind, es gibt keine anderen" die Aufgabe Motivation bestehen.

Eines der verlässlichsten Motivationsmodelle ist die Zwei-Faktoren-Theorie von Frederick Herzberg. Auch wenn – wie bei allen Theorien – sich seit der Formulierung Änderungen ergeben haben, ist diese Theorie faszinierend einfach und im praktischen Gebrauch förderlich.

Mittels seines Modells lässt sich eine Reihe von Ratschlägen für ein motivierendes Arbeitsverhältnis formulieren. Herzberg stellte in seinen in der betrieblichen Praxis gemachten Studien zwei Einflussfaktoren fest, die die Arbeitszufriedenheit bestimmen.

Er unterschied Motivatoren und Hygienefaktoren. Unter Motivatoren verstand Herzberg alle Einflüsse, die Freude, Lust und Anreiz an der Arbeit steigern. Er zählte dazu u. a. Verantwortungsmöglichkeiten, die Art der Arbeit, Karrieremöglichkeiten oder Anerkennung durch die Arbeit selber. Diesen Faktoren stellte er Einflüsse gegenüber, die zwar vorhanden sein müssen, aber selten wahrgenommen werden.

Er unterschied hier zum Beispiel eine zufrieden stellende Personalpolitik, gute zwischen-menschliche Beziehungen, ein angemessenes Gehalt oder die Sicherheit des Arbeitsplatzes. Schnell fokussierte sich die Kritik auf die von Herzberg vorgenommene Unterscheidung von Motivatoren und Hygienefaktoren. Und so zeigt auch unsere derzeitige Arbeitslage, dass Hygienefaktoren wie "der sichere Arbeitsplatz" schnell zum Motivator mutieren können. Andererseits kann die selbstverständlich gewordene Arbeitsplatzsicherheit überhaupt nicht mehr wahrgenommen werden.

Als Fazit ergibt sich, dass zwar generell zwei Arten von Einflussfaktoren unterschieden werden können, die sich jedoch je nach Kontext in ihrer Wirkungsweise verändern können.

1.5. Das Strukturieren einer motivierenden Arbeitsstruktur

Die Arbeit soll so strukturiert sein, dass sie nicht monoton erscheint. Auch hier erkennt man sofort, dass die "passive" Ausdrucksweise "soll so strukturiert sein" die aktive Struktur des CommuniTYcation® nicht trifft. CommuniTYcation® schafft und fördert die Verantwortung des Einzelnen, sich aktiv um eine sinnvolle und motivierende Arbeitsstruktur zu kümmern, sie nicht passiv "umzingelt vom Verwöhnaroma" zu fordern. Bei einer Formulierung wie "...damit das Zugehen auf eine Aufgabe als befriedigend erlebt werden kann, muss zunächst die Struktur der Aufgabe stimmen: Aufgaben sollten nicht monoton sein...." stellt CommuniTYcation® die Frage nach der Verantwortung, wer gibt die Antworten, und da können wir uns nicht weiter drücken, auf welcher Ebene auch immer.

Der Preis, den wir jetzt schon wirtschaftlich und politisch zahlen müssen, ist zu hoch. Vor allem Inaktivität lähmt unsere Gesellschaft. Erkannt haben das schon viele Menschen, aber es passiert noch zu wenig.

Der CommuniTYcation®-Gedanke will die Veränderung herbeiführen. Für die motivierende Arbeitsstruktur bedeutet das, dass selbstverständlich jeder Einzelne sich darum kümmern muss, ob seine Fähigkeiten sinnvoll eingesetzt sind, er/sie der Aufgabe eine Bedeutung beimessen kann, seinen individuellen Beitrag bringen kann oder Informationen über das Ergebnis aus eigener Kraft zu besorgen sind.

Dass die Verantwortung, d. h. die Antworten von Führungsseite und Arbeitnehmerseite unterschiedlich ausfallen ist klar, aus jeder Hinsicht ist eine förderliche Antwort gefordert. Was für die motivierende Arbeitsstruktur gilt, hat auch die Bedeutung für die Organisationsstruktur. Würden wir wie vor dem CommuniTYcation®-Zeitalter fordern:

...jeder braucht...

- einen abgegrenzten Arbeitsbereich
- seinen Neigungen gemäße Aufgaben
- Übersichtlichkeit hinsichtlich Aufgabe und Arbeitsgruppe
- Übertragung adäquater Kompetenzen

...hätten wir wiederum den Rückschritt in die Zeit der "Verantwortungslosigkeit".

1.6. Andere motivieren – sich selbst motivieren; aber wie?

"Motivation beginnt mit Selbstmotivation." Mitarbeiter erwarten oft, dass sie von Vorgesetzten motiviert werden. Ein typisches Konsumverhalten der Nachkriegsgenerationen in Deutschland, wahrscheinlich hervorgerufen durch ein Verwöhnaroma der jeweils älteren Generation nach dem Motto "Wir wollen es besser haben, nur nicht selbst quälen."

Die "besten" Erfolge erzielt Selbstverantwortung.

Derjenige, der seine Stärken kennt, seine Fähigkeiten fördert, der zudem die eigenen Schwächen reduziert und Schlechtes gezielt ausmerzt, der motiviert sich am effizientesten.

Die nachfolgende "Anleitung zur Demotivation" macht uns deutlich, dass wir tagtäglich andere demotivieren, indem wir:

- Misserfolge betonen (Lernpessimismus verbreiten)
- Schlechte Arbeitsbedingungen schaffen
- Auf Lob und Belohnung verzichten
- Informationen vorenthalten (Ziele nicht klar formulieren)
- Den Leerlauf und die Langeweile fördern
- Das Versagen mehrfach zulassen bis der Misserfolg programmiert ist
- Keine Neugierde an Arbeitsprozessen zulassen

1.7. Motivatoren

- Leistungserfolg
- Anerkennung
- Die Art der Arbeit selbst
- Verantwortung
- Karriere
- Entfaltungsmöglichkeit

2. KOMMUNIKATION

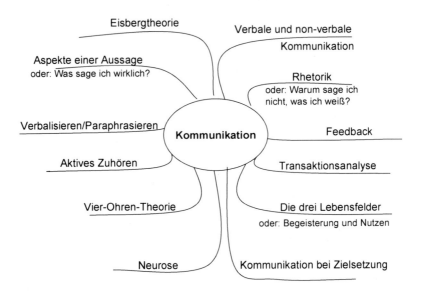

Eisbergtheorie

Verbale und non-verbale Kommunikation

Aspekte einer Aussage
oder: Was sage ich wirklich?

Rhetorik
oder: Warum sage ich
nicht, was ich weiß?

Verbalisieren/Paraphrasieren

Kommunikation

Feedback

Aktives Zuhören

Transaktionsanalyse

Vier-Ohren-Theorie

Die drei Lebensfelder
oder: Begeisterung und Nutzen

Neurose

Kommunikation bei Zielsetzung

2.1. Der Königsweg der Kommunikation
(nach der Gesprächstherapie von K. Roger)

Sie haben viele Möglichkeiten, zu kommunizieren. Eine effektive Art ist das "Aktive Zuhören", welches sich aus Paraphrasieren und Verbalisieren zusammensetzt. Hiermit erreichen Sie, dass Ihr Gesprächspartner sich Ihnen gegenüber öffnet und erfahren dadurch, was Ihnen Ihr Gesprächspartner eigentlich sagen möchte. Fehlkommunikation wird so vermieden. Es ist wichtig, nicht zu viele Fragen zu stellen und aktiv zuzuhören. Nur Informationsfragen sind erlaubt, damit man den Kontext verstehen kann.

Das Ziel der Paraphrase und der Verbalisation ist es, den anderen zu verstehen und anzuerkennen.

Unter dem Paraphrasieren versteht man die wörtliche oder sinngemäße Wiedergabe des Gesprächsinhaltes, also der verbalen und nonverbalen Äußerungen.

Hierzu folgendes **Beispiel**:

Der Auszubildende kommt zu spät zur Arbeit.

Der Abteilungsleiter sagt zu dem Auszubildenden: "Es ist 8.10 Uhr."

Der Auszubildende paraphrasiert:
"Ich weiß, ich weiß, ich bin zu spät."

Mögliche Einleitungen für Paraphrase:
o   Sie sagen gerade...
o   Sie meinen also...
o   Ich verstehe sie gerade so...

Unter dem Verbalisieren versteht man das Widerspiegeln der Gefühle. Dies sollte immer ambivalent sein, d. h. dass man in der Verbalisation immer mindestens zwei mögliche Gefühle zur Auswahl stellt, die man bei dem Gesprächspartner vermutet.

Für unser o. g. Beispiel fortgeführt bedeutet dies: "Ich bin zu spät. - Sie sind sicherlich enttäuscht und ärgern sich über mich."

Mögliche Formulierungen für das Äußern der Gefühle sind folgende:
o   Ich vermute, dass Sie
     einerseits...andererseits
o   Entweder..., oder
o   Sowohl..., als auch
o   Teils..., teils

2.2. Verbalisation der verborgenen Gefühle

Bei der Verbalisation können Sie entweder die Gefühle nennen oder die Gefühle umschreiben. Wichtig ist, dass Sie dies ambivalent tun, also mehrere Möglichkeiten zur Auswahl stellen, damit Ihr Gesprächspartner sich mit einer der Möglichkeiten identifizieren kann und sich durch Ihre Vermutung nicht angegriffen fühlt. Wenn Sie mit Ihrer Vermutung richtig liegen, bestätigt Ihr Gesprächspartner Ihnen dies. Liegen Sie falsch, ist das nicht schlimm, sondern Ihr Gesprächspartner wird dies richtig stellen und ihnen so wieder mehr über seine Gefühle berichten.

Mögliche Gefühlszustände sind:|

- zufrieden
- lustig
- dankbar
- lustlos
- aufgeregt
- verärgert
- neidisch
- verzweifelt
- depressiv
- nachdenklich
- skeptisch
- traurig
- entspannt
- gelangweilt
- betrübt

- fröhlich
- ratlos
- glücklich
- erregt
- enttäuscht
- verwirrt
- ängstlich
- gedrückt
- verbittert
- unsicher
- optimistisch
- gespannt
- beeindruckt
- nervös
- einsam

Die ambivalente Formulierung erlaubt es dem Sender eher, sich nicht analysiert vorzukommen. Der Sender hat die Wahl zwischen zwei vermuteten Gefühlslagen, die er selbst nicht explizit äußerte, aber die vom Empfänger bei ihm vermutet werden können.

2.3. Argumentation

2.3.1. Analyse der Argumentationsstruktur

Ob Werturteile, Behauptungen (Fakten), Empfehlungen (Nennung von Alternativen) oder Forderungen - wichtig ist, zu wissen, wovon man spricht und auch wie man rhetorisch damit umgeht.

Rhetorik ist immer auch eine Kunst der Auslegung!

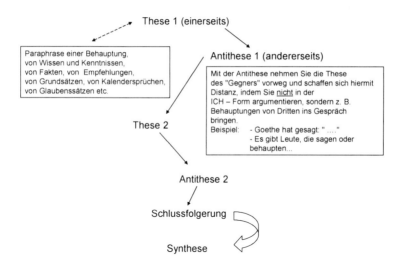

These 1 (einerseits)

Paraphrase einer Behauptung,
von Wissen und Kenntnissen,
von Fakten, von Empfehlungen,
von Grundsätzen, von Kalendersprüchen,
von Glaubenssätzen etc.

Antithese 1 (andererseits)

Mit der Antithese nehmen Sie die These
des "Gegners" vorweg und schaffen sich hiermit
Distanz, indem Sie nicht in der
ICH – Form argumentieren, sondern z. B.
Behauptungen von Dritten ins Gespräch
bringen.
Beispiel: - Goethe hat gesagt: " ...."
              - Es gibt Leute, die sagen oder
                behaupten...

These 2

Antithese 2

Schlussfolgerung

Synthese

2.3.2. Argumentationstypen und ihre Funktion

Faktenargument
Die These wird durch logische Verknüpfung mit unumstrittenen, verifizierbaren Tatsachen gestützt. Möglichst keine statistischen Zahlen.

Normatives Argument
Die These wird durch akzeptierte Wertmaßstäbe fundiert (Normen, Gesetze).

Autoritätsargument
Die These wird durch Berufung auf akzeptierte Autorität untermauert.

auctoritas	"die Macht/Möglichkeit Wissen zu mehren"
potestas	"die Macht/Möglichkeit es durchzusetzen"

Analogisierendes Argument
Die These wird abgesichert, durch Heranziehung von Beispielen aus anderen Lebensbereichen.

Beispiel: Musik, Handwerk

Indirektes Argument

Das gegenteilige Argument wird "vorgeführt" als in - sich - <u>nicht</u> - stimmig, nicht logisch, widersprüchlich.

Argumentum baculum

Man bezieht sich auf vermutete Befürchtungen.

Argumentum ad. misericordiam

Man äußert Mitleid einfordernde Argumente.

Argumentum ad populum

Förderung von Reaktionen der Volksmasse. (populus = Volk)

2.3.3. Logische Struktur von Argumenten

Dialektischer Aufbau [Für und Wider]

These: „Ich behaupt, dass…"

Gegenthese/Antithese: „Zwar…/Gewiss…"

Unterstützendes Argument für die These zum Entkräften des Gegenargumentes: „Aber…"

Gewichtung des Argumentes:
„Vergleicht man bei Thesen…"

Schlussfolgerung: „Man sollte also…"

Steigender Aufbau (Gegenargumente nicht einbeziehend)

- These "Ich behaupte, dass..."
- Faktenargument "Ich erinnere nur an..."
- Beispiel "Beispiel dafür ist..."
- Autoritätsargumente "Auch die Wissenschaft sagt..."
- Schlussfolgerung "Daraus ergibt sich..."

Argumente

Nennen Sie Beispiele........veranschaulichende
                          Argumente/Thesen
Belegen Sie diese..........sichernde Argumente/Thesen
Erläutern sie diese..........verdeutlichende
                          Argumente/Thesen.

2.4. Fragen in der Kommunikation

Fragen zu stellen ist stets eine heikle Sache in der Konversation. Niemand hat es gerne, wenn er verhört, geprüft oder "ausgequetscht " wird. Mögen Sie das?

Genau diesen Effekt erzeugt ein Bombardement von Fragen, seien es offene Fragen, die vollständige Antworten verlangen, oder geschlossene Fragen, die entweder mit "Ja" oder "Nein" bzw. einer kurzen faktischen Angabe beantwortet werden können. In jedem Falle sind offene Fragen zu bevorzugen, da sie dem Gegenüber erlauben, in einem Umfang darauf einzugehen, der ihm genehm ist. Geschlossene Fragen sollten möglichst vermieden werden, da sie dem Gesprächspartner nicht viele Möglichkeiten geben.

Die Alternativfrage stellt dem Gefragten zwei oder mehr Alternativen zur Verfügung. Die Suggestivfrage unterstellt eine bereits vorher festgelegte Antwort.

Beispiel:

- Suggestivfrage: "Der Film wird dir doch sicher gefallen?"
- Alternativfrage: "Möchtest du in den Film a oder b?"
- geschlossene Frage: "Hat dir der Film gefallen?"
- offene Frage: "Wie hat dir der Film gefallen?"

Wenn Sie eine Frage stellen, dann sorgen Sie für Blickkontakt und zeigen Sie durch Ihre Körpersprache, dass Sie zuhören - nicken Sie und bestätigen Sie ab und zu. Beziehen Sie sich bei Ihrer Rückantwort wiederum auf etwas, das der Andere gerade gesagt hat oder fassen Sie das eben Gesagte kurz zusammen (siehe Paraphrase). Wenn Sie weitere Auskünfte benötigen, können Sie zu Ihrer nächsten Frage übergehen.

Wenn Sie allerdings sehr viele Fragen an jemanden haben, dann ist es besser, ihn vorher um Erlaubnis zu bitten: "Wenn Sie nichts dagegen haben, möchte ich Ihnen gern einige Fragen stellen." Verknüpfen Sie jeweils die folgende Frage mit der vorangegangenen Antwort, indem Sie kurz zusammenfassen. Dies wird den "Stakkato"- oder "Maschinengewehr-Effekt" mindern.

2.5. Die Vier-Ohren-Theorie

Das Kommunikationsquadrat ist das bekannteste und inzwischen auch am weitesten verbreitete Modell von Friedemann Schulz von Thun. Bekannt geworden ist dieses Modell auch als "Vier-Ohren-Modell". Die vier Ebenen der Kommunikation haben nicht nur Bedeutung für das private Miteinander, sondern auch und vor allem für den beruflichen Bereich, wo das Professionelle und das Menschliche ständig miteinander "verzahnt" sind.

Wenn ich als Mensch etwas von mir gebe, bin ich auf vierfache Weise wirksam. Jede meiner Äußerungen enthält, ob ich will oder nicht, vier Botschaften gleichzeitig:

- eine **Sachinformation** (worüber ich informiere)
- eine **Selbstkundgabe** (was ich von mir zu erkennen gebe)
- einen **Beziehungshinweis** (was ich von dir halte und wie ich zu dir stehe)
- einen **Appell** (was ich bei dir erreichen möchte)

Psychologisch gesehen sind also, wenn wir miteinander reden, auf beiden Seiten vier "Schnäbel" und vier Ohren daran beteiligt, und die Qualität des Gespräches hängt davon ab, in welcher Weise diese zusammen spielen.

Auf der **Sachebene** des Gesprächs steht die Sachinformation im Vordergrund, hier geht es um Daten, Fakten und Sachverhalte. Für den Sender gilt es also, den Sachverhalt klar und verständlich zu vermitteln. Der Empfänger, der das Sachohr aufgesperrt hat, hört auf die Daten, Fakten und Sachverhalte und hat entsprechend der drei genannten Kriterien viele Möglichkeiten einzuhaken.

Selbstkundgabe: Wenn jemand etwas von sich gibt, gibt er auch etwas von sich. Jede Äußerung enthält auch, ob er will oder nicht, eine Selbstkundgabe, einen Hinweis darauf, was in ihm vorgeht, wie ihm ums Herz ist, wofür er steht und wie er seine Rolle auffasst. Dies kann explizit ("ICH-Botschaft") oder implizit geschehen. Dieser Umstand macht jede Nachricht zu einer kleinen Kostprobe der Persönlichkeit, was dem Sender nicht nur in Prüfungen und in der Begegnung mit Psychologen einige Besorgnis verursachen kann. Während der Sender also mit dem Selbstkundgabe-"Schnabel", implizit oder explizit, Informationen über sich preisgibt, nimmt der Empfänger diese mit dem Selbstkundgabe-Ohr auf: Was sagt mir das über den Anderen? Was ist der für einer? Wie ist er gestimmt? Etc. ...

Die **Beziehungsseite**: Ob ich will oder nicht: Wenn ich jemanden anspreche, gebe ich (durch Formulierung, Tonfall, Begleitmimik) auch zu erkennen, wie ich zum

anderen stehe und was ich von ihm halte — jedenfalls bezogen auf den aktuellen Gesprächsgegenstand. In jeder Äußerung steckt somit auch ein Beziehungshinweis, für welchen der Empfänger oft ein besonders sensibles (über)empfindliches Beziehungs-Ohr besitzt. Aufgrund dieses Ohres wird entschieden: "Wie fühle ich mich behandelt durch die Art, in der der Andere mit mir spricht? Was hält der Andere von mir und wie steht er zu mir?"

Appellseite: Wenn jemand das Wort ergreift und es an jemanden richtet, will er in der Regel auch etwas bewirken, Einfluss nehmen; den Anderen nicht nur erreichen sondern auch etwas bei ihm erreichen. Offen oder verdeckt geht es auf dieser Ebene um Wünsche, Appelle, Ratschläge, Handlungsanweisungen, Effekte etc. Das Appell-Ohr ist folglich besonders empfangsbereit für die Frage: Was soll ich jetzt machen, denken oder fühlen?

Beispiel: Ein Autofahrer und sein Beifahrer fahren auf eine rote Ampel zu. Der Beifahrer sagt: *"Die Ampel ist rot."*

Sach-Ohr: Die Ampel dort vorne steht auf rot.

Selbstkundgabe-Ohr: Ich bin ein aufmerksamer Beobachter und habe gesehen, dass die Ampel rot ist. Oder: Ich habe Angst, wenn du so schnell auf die rote Ampel zufährst.

Beziehungs-Ohr: Ich kenne dich gut genug, um mich in deinen Fahrstil einzumischen.

Appell-Ohr: Halte bitte rechtzeitig an.

2.6. Die AANN-Methode

Da Sie in Seminaren mit verschiedenen Menschen arbeiten, kann es auch vorkommen, dass diese das Seminar oder den Vortrag auf verschiedenste Arten stören. Um diesen Störungen kompetent zu begegnen, können Sie mit der AANN-Methode arbeiten.

Typische Verhaltensmuster für Störungen in Seminaren sind:

- viel reden
- Seitengespräche führen
- schweigen
- alles besser wissen
- den Clown spielen
- Dreschen von Killerphrasen
- u. v. m.

Die AANN-Methode besteht aus folgenden Komponenten:

A Aufgreifen der verbalen oder nonverbalen Äußerung
A Anerkennung geben
N "neuer" Vorschlag
N er"neuter" Vorschlag/Ende der Psychologie

Mit A A N (N) sollten Sie versuchen, dem Teilnehmer die größtmögliche Zustimmung zu geben. Wichtig für die Wirksamkeit dieser Methode ist, dass die Aussage, die Sie treffen, authentisch, ohne Zynismus und Ironie beim Empfänger ankommt. Gelingt Ihnen dies, so ist dem störenden Teilnehmer der Wind aus den Segeln genommen und er wird Ihr Seminar vermutlich ohne weiter zu stören verfolgen. Schaffen Sie es jedoch nicht diese Wirkung zu erzielen, dann beseitigen Sie die Störung nicht und bringen den Teilnehmer gegen sich auf.

Beispiel für die Anwendung:

In Ihrem Seminar sitzt ein Teilnehmer, der gerne und viel mit seinem Nachbarn redet. Sie sprechen ihn folgendermaßen an:

"Lieber Herr Mayer, ich sehe, dass Sie diesem Thema viel Interesse abgewinnen und auch schon viel Erfahrung gesammelt haben (A+A). Gerne können Sie mir gleich in der Pause von Ihren Erfahrungen erzählen, aber lassen Sie mich bitte nun weiter darlegen, dass... (N)

Falls dies beim störenden Teilnehmer nicht ankommt, dann versuchen Sie diese Methode nochmals.

Spätestens beim 4. Versuch sollten Sie den Teilnehmer offen darauf ansprechen und ein gemeinsames Gespräch unter vier Augen in der Pause vorschlagen.

Scheuen Sie sich nicht, den Teilnehmer vom Seminar auszuschließen, wenn er das Seminar und die anderen Teilnehmer wiederholt stört (wägen Sie zuvor ab, ob der Auftraggeber damit einverstanden ist).

2.7. Feedback

Für Sie als Trainer stellt das Feedbackgespräch ein wichtiges Instrument zur Seminargestaltung dar. Vor allem, wenn Seminarteilnehmer aktiv am Geschehen beteiligt sind und somit etwas von sich preisgeben, ist das Feedback einzusetzen.

Das Feedback ist eine Rückmeldung an den Seminarteilnehmer in Form einer Beschreibung des Gesehenen. Diese Rückmeldung sollte in einer bestimmten Form artikuliert werden, damit sich die angesprochene Person nicht angegriffen fühlt.

Sie können ein Feedbackgespräch in unterschiedlichen Situationen einsetzen. Bei der Frage des Einsatzes kommt es im Wesentlichen auf die Hierarchieebene an. Das Feedback zwischen einer Führungskraft, die ein Kritikgespräch führen muss, und einem Mitarbeiter ist z. B. nicht zielführend. Dies lassen die Eigenschaften des Feedbackgespräches nicht zu. Wohingegen in der Atmosphäre eines Seminars das Feedbackgespräch sinnvoll ist. Sie als Trainer sollten darauf achten, dass sich kein Teilnehmer vorgeführt fühlt.

Ein **Beispiel** für den Einsatz des Feedbacks:

Sie leiten ein Seminar über Konfliktmanagement und einer Ihrer Teilnehmer leitet eine Diskussion. Nach der Diskussionsrunde hat der Teilnehmer ein Recht zu erfahren, wie die anderen Teilnehmer sowie Sie als Trainer seine Diskussionsrunde empfunden haben. Hierzu dient das Feedbackgespräch.

Das Ziel ist es, dem Teilnehmer im Kontext des gerade Erlebten, Alternativen aufzuzeigen. Eine Veränderung herbeizuführen, ist auf keinen Fall das Ziel.

2.7.1. Regeln für den Feedback-Geber:

- Einverständnis erfragen: "Möchten Sie ein Feedback von mir?"
- Nicht bewerten und kein Nachkommentieren
- Komparative vermeiden, z. B. schneller, da dies nicht messbar ist.
- Keine Kritik, d. h. nur das Gesehene beschreiben
- Ich-Aussagen, auch durch Ich-Aussagen Gefühle äußern
- Keine Du-Aussagen
- Im Hier und Jetzt
- "Todsünden" der Kommunikation vermeiden (vgl. 2.10)
- Feedback-Regeln dem Feedback-Nehmer erläutern

2.7.2. Regeln für den Feedback-Nehmer:

- Kein Nachkommentieren
- Nicht rechtfertigen oder entschuldigen
- 24-Stunden-Regel (24 Stunden auf sich wirken lassen)

2.7.3. Johari – Fenster (Fenster zur Seele)

Das Johari - Fenster begründet die Notwendigkeit des Feedbacks. Es wurde von Joe Luft und Harry Ingham entwickelt und zeigt ein proto-typisches Seelenmodell.

Im Alltag machen wir uns relativ schnell ein Bild von anderen Menschen, wobei dieses nur teilweise das Ergebnis sorgfältiger Beobachtung und Auswertung dessen ist, was wir in Erfahrung bringen können.

Vielmehr entwickeln wir auf der Grundlage von Erfahrungen spontan ganz bestimmte Urteile und Eindrücke. Wir verallgemeinern das Beobachtbare, ordnen das Wahrgenommene in Schemata, Raster und

Schubladen ein und ergänzen es durch Annahmen und Denkgewohnheiten.

Wann immer wir es mit anderen Menschen zu tun haben, machen wir uns also spontan ein Bild von ihnen: welche Eigenschaften sie unserer Ansicht nach besitzen, welche Bedeutung sie für uns haben. Jeder Freund, Bekannte, Nachbar, aber auch wildfremde Personen, die uns auf der Strasse begegnen, werden in irgendeiner Form von uns beurteilt. Gleiches gilt für Gruppen von Menschen, wie die eigene Familie oder der Kollegenkreis.

Im Alltag treffen wir immer wieder mit uns unbekannten Menschen zusammen und wollen wissen, welche Absichten und Motive sie verfolgen, welche Interessen sie haben. Zu wissen, was andere an Interessen haben, hilft uns, uns adäquat zu verhalten, uns auf sie einzustellen, ihr Verhalten zu verstehen, es womöglich vorherzusehen, uns vor Überraschungen zu schützen.

Besonders wichtig ist dieses Wissen dort, wo mehrere Menschen zusammenarbeiten müssen, also in Gruppen oder Teams. Menschen, die sich vorher weder kannten noch viel miteinander zu tun hatten, werden erst durch gruppendynamische Prozesse zu einer Gruppe. Über verschiedene Phasen führen diese entweder zu konformen, gut zusammenarbeitenden Gruppen oder zu solchen, die sich gegenseitig durch Konkurrenzverhalten, Neid und sonstige Spannungen behindern. Eine wichtige Rolle spielt dabei die Wahrnehmung des Einzelnen durch die Gruppe. Vier Bereiche können hier unterschieden werden:

Bereich A Ist mir und anderen bekannt "Freies Handeln"	**Bereich B** Ist anderen bekannt "Blinder Fleck"
Bereich C Ist nur mir bekannt "Verbergen"	**Bereich D** Ist mir und anderen nicht bekannt "Unbewusst"

Bereich A umfasst den Teil des gemeinsamen Wissens, also jene Aspekte unseres Verhaltens, die uns selbst und den anderen Mitgliedern der Gruppe bekannt sind und in dem uns unser Handeln frei, unbeeinträchtigt von Ängsten und Vorbehalten erscheint. Hier sind wir quasi die "öffentliche Person", z. B. möchte ein Abteilungsleiter bei den Mitarbeitern gerne den Eindruck des kollegialen Vorgesetzten erwecken, der sie fördert und mit Handlungsfreiheiten ausstattet.

Bereich B umfasst den "Blinden Fleck", also den Anteil unseres Verhaltens, den wir selbst wenig, die anderen Mitglieder der Gruppe dagegen recht deutlich wahrnehmen: die unbedachten und unbewussten Gewohnheiten und Verhaltensweisen, die Vorurteile, Zu- und Abneigungen. Hier können uns die Anderen

Hinweise auf uns selbst geben. Dieser Bereich wird meist nonverbal, etwa durch Gesten, Kleidung, Klang der Stimme, Tonfall etc. geäußert und umfasst das Auftreten insgesamt. Ein großer "Blinder Fleck" ist für eine effiziente Gesprächsführung hinderlich. Ein Beispiel ist etwa der herablassende Tonfall und die Mimik, mit der die Führungskraft zu den Mitarbeitern spricht.

Bereich C umfasst den Bereich der Zurückhaltung, also jenen Aspekt unseres Denkens und Handelns, den wir vor anderen bewusst verbergen - die "heimlichen Wünsche", die "empfindlichen Stellen", quasi die "private Person". Durch Vertrauen und Sicherheit zu anderen kann dieser Bereich erheblich eingegrenzt werden. Z. B. hält sich eine Führungskraft selbst in einem bestimmten Wissensgebiet für nicht kompetent und möchte das ganz besonders vor Mitarbeitern verbergen.

Bereich D umfasst den unbewussten Bereich, der weder uns noch Anderen unmittelbar zugänglich ist; zu ihm kann aber etwa eine Tiefenpsychologin oder ein Tiefenpsychologe Zugang finden.

Für ein Feedback relevant sind vor allem Quadrant B und C. Durch ein Feedback im Sinne eines Vergleichs von Selbstbild und Fremdbild kann sich, sofern das Feedback angenommen und konstruktiv reflektiert wird, der "unbewusste" Bereich verkleinern. Gleichzeitig wird der "offene" Bereich vergrößert. Das kann zu einer positiven Veränderung der Beziehungen zu anderen Menschen führen, da die Wirkung, d. h. das Fremdbild, vermehrt den Absichten, d. h. dem Selbstbild, entspricht.

Das Ziel persönlicher Weiterentwicklung kann es z. B. sein, den "Blinden Fleck" zu erhellen. Eine Möglichkeit ist der Einsatz von Persönlichkeitsmodellen, etwa der *Transaktionsanalyse*. Mit dieser kann das eigene Verhalten bewusster gemacht werden, indem man sich Gedanken über die eigenen Wertvorstellungen und Normen macht. Einen weiteren Ansatzpunkt, "Blinde Flecken" zu verringern bietet das Feedback. Durch geeignetes Feedback-Geben können Unterschiede zwischen Selbst- und Fremdbild bewusst gemacht werden. Auf die Frage "Wie habe ich auf die Anderen gewirkt?" können dann Antworten gefunden werden.

Das "Johari - Fenster" (nach den amerikanischen Sozial-psychologen Joseph Luft und Harry Ingham, University of California) verdeutlicht, dass "Selbstwahrnehmung" und "Fremdwahrnehmung" sich in unterschiedlichen Ausprägungen entsprechen, und dass es Bereiche des Verhaltens gibt, die Anderen unbeabsichtigt Mitteilungen über die eigene Person machen, während sie großen Bereichen der eigenen Wahrnehmung verborgen bleiben.

In einer neuen Gruppe ist **Quadrant A** sehr klein und es sind wenig freie und spontane Aktionen zu registrieren. Ist das schon die Regel, so wird eine Situation der Unsicherheit, der Spannung oder gar Angst, so wie sie häufig auch am Beginn von Lernprozessen in Gruppen besteht, das freie, aktive Verhalten zusätzlich einengen. Um es in der Graphik auszudrücken: der Bereich des "freien Handelns" ist zugunsten des Bereichs des "Verbergens" und des "Blinden Flecks" eingeschränkt.

Für eine kommunikative Gruppe ist es unerlässlich diesen Bereich wachsen zu lassen. Die Veränderung eines Quadranten verändert auch alle anderen. Ein vertrauensvolles Klima kann dagegen sowohl den Bereich des "Vermeidens und Verbergens" reduzieren als auch die Chance bieten, durch Kontakte mit anderen

Gruppenmitgliedern mehr über sich selbst, über den Bereich des "Blinden Flecks" zu erfahren und damit dem Bereich des "freien Handelns" größeren Raum zu geben.

Dieses entspannende und vertrauensvolle Klima, das den Einzelnen möglichst umfassend in den Gruppenprozess mit einbezieht, stellt sich jedoch erst durch intensive Kontakte der Teilnehmenden untereinander und durch Vertrautheit mit den verschiedenen Aspekten dessen her, was die Gruppe prägt. Erst wenn in Bezug auf Ziele und Normen, die Struktur und die Stellung in der Gruppe ein alle Mitglieder befriedigender Konsens hergestellt ist, kann ein gutes Gruppenklima und die umfassende Aktivität aller Mitglieder erwartet werden.

Dieses Analyseschema des Johari-Fensters kann auch auf Gruppen in Sicht auf andere, z. B. übergeordnete Gruppen angewendet werden. Hier finden sich im **Quadranten A** die Motivationen und Verhaltensweisen, die der Gruppe und anderen sichtbar sind.

Im **Quadranten B** finden sich die Verhaltensweisen, die für Außenstehende deutlich die Gruppenzugehörigkeit erkennen lassen und ein breites Feld von Vorurteilen und Ausgrenzungen zulassen. Außerdem finden sich hier die Verhaltensweisen wieder, die zwar anderen Gruppen, aber nicht der eigentlichen Gruppe bekannt sind.

Im **Quadranten C** verbergen sich interne Dinge, welche nach Außen nicht weitergegeben werden sollen, etwa aus Gründen der Sicherheit oder auch aus Scham. Gerade im Hinblick auf die Gruppenidentität ist dieser Punkt bei einer konformen Gruppe deutlich ausgeprägt.

Ein Mitglied aus einer geschlossenen Gruppe "plaudert" nicht so schnell etwas aus.

Der **Quadrant D** wird bei einer intensiven Zusammenarbeit wahrscheinlich immer kleiner, da ständig eine Art des Feedbacks (verbal oder nonverbal) stattfindet und man sich so immer genauer definiert.

Es lassen sich häufig verschiedene Phasen der Gruppenarbeit beobachten, die aber nicht zwingend in dieser Reihenfolge durchlaufen werden müssen:

Phase I: Orientierung
Unsicherheit und Angst darüber, was wohl auf den Einzelnen zukommt, herrschen in der Anfangszeit. Vorsichtiger Umgang mit den anderen Mitgliedern der Gruppe herrscht vor, man testet sympathische Teammitglieder auf "Tauglichkeit".

Phase II: Auseinandersetzung
Die Beziehungen sind noch nicht stabil und ein egoistisches Denken herrscht noch vor. Mit Konkurrenten "kämpft" man um seine Rolle in der Gruppe, die sich jetzt herauszukristallisieren beginnt.

Phase III: Bindung
Die Mitglieder identifizieren sich mit ihrer Rolle, den Gruppenzielen und den Mitgliedern. Sicherheit und ein gutes Gruppengefühl sind vorherrschend.

Phase IV: Festigung

Es kommt zur Bildung von Autostereotypen (dem Gruppenselbstbild) und Heterostereotypen (die "Anderen"), wobei meist die eigene Gruppe als besser betrachtet wird, da man sich mit dieser am meisten identifiziert. Je größer die Distanz zu anderen Gruppen ist, desto enger wird die Zusammenarbeit.

Phase V: Auflösung

Nach Erreichen des gemeinsamen Zieles löst sich die Gruppe auf, falls sie keine neuen Ziele gefunden hat, um in einer kleineren Form weiter zu bestehen.

2.8. Diskussionsleitung als Führungsinstrument

Die 10-Minuten Diskussion

Das Ziel der 10-Minuten Diskussion ist es, die Meinungen der Teilnehmer kennen zu lernen und nicht, eine Entscheidung zu finden oder herbeizuführen.

Sie beginnen mit einer ca. 3-5-minütigen visualisierten Anmoderation. Die Anmoderation können Sie z. B. mit einem Tafelbild oder einem Schlagwort oder -satz visualisieren. Die Teilnehmer sollten während der ganzen Diskussion das Thema vor Augen haben, damit sie davon nicht abweichen.

Im nächsten Schritt folgt die Diskussion. Sie als Diskussionsleiter sollten nach ca. fünf Minuten durch Paraphrasieren die Meinungen der Teilnehmer wiederholen und zusammenfassen und danach mit der Diskussion fortfahren. Am Ende geben Sie durch Paraphrasieren eine Schlusszusammenfassung.

Sie können einen Seminarteilnehmer als Übung eine Diskussionsrunde leiten lassen. Die Checkliste für das Feedback an den Diskussionsleiter sieht folgendermaßen aus:

- Er hat Impulse gegeben
- Die Schrift ist lesbar
- Die Anmoderation regt zur Diskussion an
- Blickkontakt war gegeben
- Die Sprache war deutlich
- Er hat zum Thema zurückgeführt
- Er hat eine Teil- und Schlusszusammenfassung gegeben
- Er hat verschiedene Medien genutzt
- Er hat verschiedene Methoden genutzt (z. B. Vortrag, Geschichte erzählt...)

2.9. Die Moderationsmethode

Die Moderationsmethode stellt eine Form der schriftlichen Diskussion dar. Sie hat die Vorteile, dass alle Teilnehmer Ihres Seminars sich beteiligen müssen und dass jeder die Zeit dafür bekommt, die er braucht. Jeder muss sich also Gedanken zum Thema machen und ist beteiligt.

Die Moderationsmethode baut sich wie folgt auf:

1) Anmoderation
In der Anmoderation stellen Sie als Seminarleiter (im Folgenden als Moderator bezeichnet) das zu behandelnde Thema vor. Sie sollten sich dafür etwa drei bis fünf Minuten Zeit nehmen und darstellen, worum es in der folgenden (schriftlichen) Diskussion gehen wird.

Hier ist es wichtig, das zu behandelnde Thema schriftlich zu fixieren (z. B. an der Flipchart). Dies gewährleistet, dass sich die Teilnehmer das Thema nochmals vor Augen halten können und verhindert, dass man sich zu weit vom Thema entfernt oder an diesem vorbeiredet.

2) Kartenabfrage
Im Folgenden bittet der Moderator die Teilnehmer, je eine bestimmte Anzahl von Karten damit zu beschriften, was ihnen zu diesem Thema einfällt und diese dann verdeckt mit einem Magneten an das magnetische Whiteboard oder mit Nadeln an eine Pinnwand zu heften.

3) Benennung der Karten
Der Moderator dreht nun alle Karten einzeln um, zeigt sie der Gruppe und liest dann laut vor, was darauf steht.

4) Sortieren
Der Moderator erklärt im Folgenden, dass die Karten zu Gruppen zusammengefasst werden sollen, damit sie später dann Themen bezogen diskutiert werden können. Die Teilnehmer bestimmen, wie die Karten sortiert werden sollen. Bevor der Moderator eine Karte zu einer Gruppe hängt, fragt er alle Beteiligten, ob diese damit einverstanden sind.

Sobald Uneinigkeit bei den Teilnehmern besteht, dupliziert der Moderator die Karte, um sie dann zu der weiteren gewünschten Gruppe zu hängen.

5) Überschriften finden
In diesem Schritt fragt der Moderator nun die Gruppe, welche Überschriften sie den gesammelten Kartengruppen geben möchte. Sobald sich die

Teilnehmer einig sind, schreibt der Moderator die gefundene Überschrift über die Kartengruppe.

6) Punktabfrage/Gewichtungsfrage

Nun bekommt jeder der Teilnehmer drei Magneten (Reißzwecken...) und soll diese an die Themen vergeben, die ihm am wichtigsten sind. Dabei darf ein Teilnehmer einem Thema auch mehrere Punkte geben. Sind alle Punkte verteilt, gibt der Moderator das Ergebnis der Punktabfrage bekannt (z. B. "Das Thema A hat neun Punkte erhalten, das Thema B hat sechs Punkte, die Themen C und D haben jeweils drei Punkte bekommen. Also wird Thema A von uns zuerst behandelt.").

7) Problemmoderation (bestehend aus drei Kartenabfragen)

Ist - Situation
Die Seminarteilnehmer sollen aufschreiben, wie der aktuelle Zustand des Problems ist.

Soll - Situation
Hier wird nun in einer erneuten Kartenabfrage geklärt, was passieren soll, welcher Zustand erwünscht ist und erreicht werden soll.

Psychologische Widerstände
Die Seminarteilnehmer sollen zu Papier bringen, was sie daran hindert/hindern könnte, diesen Soll-Zustand herbeizuführen.

8) Mögliche Lösungsvarianten

Nun sollen die Teilnehmer (wieder schriftlich) Vorschläge sammeln, wie sich die Soll – Situation herbeiführen lassen könnte. Dies werden dann die Grobziele jedes Einzelnen.

9) Tätigkeitskatalog

Als letztes erstellt nun jeder Teilnehmer für sich einen Tätigkeitskatalog. Dieser Tätigkeitskatalog beinhaltet die Feinziele und listet bis ins kleinste Detail auf, was er wann tun wird.

Der Teilnehmer soll dabei fünf Karten schreiben:
a) Name
b) Zeitraum
c) Genaue Zielbeschreibung des Ziels
d) Woran wird die Zielerreichung zu erkennen sein?
e) Budget

Wichtig ist, dass alle Ziele, die die Teilnehmer sich stecken, von ihnen selbst durchführbar sind. Sobald man sich in seiner Zielsetzung von anderen abhängig macht, liegt das Gelingen nicht mehr alleinig bei einem selbst – es ist wahrscheinlich, dass das Unterfangen scheitert.

Die Zielbeschreibung muss sehr detailliert sein, so dass der Teilnehmer weiß, was er wann zu tun hat, um sein Ziel zu erreichen.

Zusammenfassung der Aufgaben des Moderators:

- ✓ Klärung des Auftrages und der Ziele der Moderation
- ✓ Erstellung der Dramaturgie
- ✓ Organisatorische Vorbereitung der Sitzung
- ✓ Einführung in die Thematik
- ✓ Setzen der Moderations-inhalte
- ✓ Steuerung des Diskus-sionsprozesses
- ✓ Pointierung der Inhalte und inhaltliche Klärung ver-schwommener Beiträge
- ✓ Verantwortung für die Visualisierung und Dokumentation der Ergebnisse

Mögliche Beispiele für eine Checkliste des Moderators:

- ✓ Einstieg mit ambivalenten widersprüchlichen Thesen.
- ✓ Zum Brainstorming auffordern.
- ✓ Den Stellenwert des Themas im Strukturzusammenhang erläutern.
- ✓ Aus lernpsychologischen Gründen an Wissenselemente der Zuhörer anknüpfen.
- ✓ Vorstellen der Lernziele.
- ✓ Auf aktuelle Lebenssituation der Zuhörerschaft beziehen.
- ✓ Zu Informationsfragen (siehe Frageformen) auffordern.
- ✓ Wiederholt auf systemischen Zusammenhang der Inhaltsmodule verweisen.
- ✓ Die Schwerpunkte der Thematik hervorheben.

Das Moderationsmaterial

Für die Durchführung einer Moderation stehen dem Moderator vielerlei Materialien zur Verfügung:

- **Die Pinwand**

Die Arbeit des Moderators findet an der Pinwand statt:
Sie dient der Visualisierung der besprochenen Inhalte.

- **Das Packpapier**

Das Packpapier dient zur Bespannung der Pinwand. Zur abschließenden Dokumentation ist das Packpapier von der Pinwand herunterzunehmen.

- **Die Thesenkarte**

Die Thesenkarte dient zur Benennung der Arbeitsfrage bzw. des Arbeitsschrittes und zur Benennung einer Punktabfrage.

- **Die Kommentarkarte**

Die Kommentarkarte ist das Hauptarbeitsinstrument in einer Moderation:
Auf ihr werden alle Diskussionsbeiträge und Inhalte vermerkt. Wichtig ist, immer die gleichen Farben von Karten für die gleichen Schritte einzusetzen.

- **Der kleine Kuller**

Der kleine Kuller dient ausschließlich der Markierung von Seitenzahlen (unten rechts auf der Wand).

- **Die Wolke**

Die Wolke dient lediglich für die Deckseite der Dokumentation und beinhaltet das Thema der Moderation.

- **Das Oval**

Das Oval dient als Kommentierungskarte. Wird eine Moderationskarte näher erläutert, so ist diese Erläuterung auf das Oval zu schreiben und dieses Oval an die Moderationskarte zu pinnen.

2.10. Todsünden der Kommunikation

- Herunterspielen wie z. B: das wird schon...
- Analyse (du hast...)
- Kalendersprüche/Lebensweisheiten/Ratschlä ge
- Bewertungen/Lob/Tadel/Kritik/Benotung
- Vorwürfe wie z. B.: ..das hättest Du wissen müssen
- Überreden
- Gegenbehauptungen (sich behaupten wollen)
- Von sich reden
- Drohungen
- Ironie/Abwertung
- Thema wechseln
- Vergleichen

2.11. Störungen und Kommunikation

Mangelhafte Kommunikation wird oft durch Ängste verursacht, die mit der Beziehung zwischen Sendern und Empfängern zusammenhängt. Häufige Störfaktoren in der Kommunikation sind u. a:

- Heikle Themen oder Punkte werden nicht angesprochen, um die Harmonie zu bewahren.

- Informationen werden aus Unsicherheit abgeschwächt, hinzugefügt oder beschönigt.

- Die eigene Meinung wird aus Angst vor einem Gruppenausschluss nicht geäußert.

- Informationen werden aus Angst vor Machtverlust nicht weitergegeben.

- Ein ernsthaftes Zuhören wird verhindert, wenn sich jemand angegriffen fühlt.

3. PRÄSENTATIONSMETHODEN

Bei einer Präsentation oder einem Vortrag haben Sie mehr Kontrolle über das Geschehen, als bei einem Interview oder bei einer Diskussion. Sie haben dadurch mehr Freiheit, aber auch mehr Verantwortung.

Ein paar Stichworte zum Planen von Präsentationen: Beim Vorbereiten einer Rede oder Präsentation ist es ähnlich wie beim Planen eines Nachtessens mit Freunden. Wie bei der Planung eines Menues, überlegen Sie, welche Gäste erscheinen und was sie ihnen offerieren wollen. Nach dem Beantworten der Fragen: "Wer kommt?" "Was liebt der Gast?" geht es an die Materialbeschaffung:

- **Menu Präsentation**

    - ✓ Mise en place
      »Stichwortkarten, Folien, Hilfsmittel«
    - ✓ Amuse bouche
      »Wie starte ich, wie wecke ich das Interesse der Anwesenden?«
    - ✓ Hauptgang
      »Kernaussage«
    - ✓ Dessert
      »Nachhaltiger Schluss«

Das Publikum

Studien zeigten: auch wenn alle Zuhörer nach fünf Minuten noch voll dabei sind, ist nur noch ein Fünftel nach 30 Minuten aufmerksam. Nach 45 Minuten Vortrag kann ein Durchschnittszuschauer nur noch 20 % des Gehörten wiedergeben.

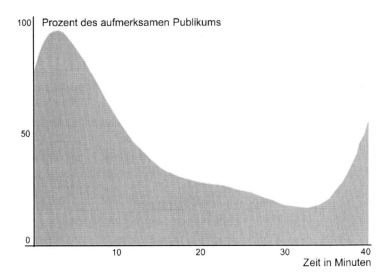

Stichwortliste zu den Redetechniken

- ✓ **Blickkontakt** - kein Scheibenwischerblick - mit einer Person länger reden - kein Ablesen.

- ✓ Dialogisch präsentieren - Partner wechseln.

- ✓ **Lautstärke** - Je nach Situation unterschiedlich laut reden. Beim Gebrauch einer Verstärkeranlage im Kammerton sprechen. Ohne Verstärker, entsprechend der Raumgröße sprechen.

- ✓ **Sprache** dem Publikum anpassen - Zum Beispiel bei Anwesenheit von Nicht-Deutschschweizern Standardsprache verwenden.

- ✓ **Pausentechnik** - Eine kurze Pause vor dem Redebeginn ist ein Muss. Pausen zwischen Gedanken einschalten. Eine richtige Pausentechnik ist ein Markenzeichen des guten Redners.

- ✓ **Identifikation** - Eigenes Denken und Fühlen muss mit der Aussage übereinstimmen. Präsentieren heißt immer Mitempfinden.

Checkliste für den Vortragenden

✓ Solide fachliche Vorbereitung.

✓ Detaillierte Vortragsnotizen, während des Vortrags jedoch Stichwortzettel.

✓ Raumfrage klären (z. B. Größe, audiovisuelle Mittel, Uhr).

✓ Kleider überprüfen (z. B. Schnürsenkel, Unterhemd, Reißverschlüsse!)

✓ Leibliches Wohl (frische Luft, Wasser während des Redens, bequeme Kleider, Licht).

✓ Audiovisuelle Mittel vorher testen.

✓ Flexiblen Zeitplan machen (Aufbau so, dass Teile bei Zeitmangel übersprungen werden können.)

Laut "Die Zeit" vom Mai 1996 fand der Psychologe Jon Driver heraus, dass Menschen einander besser verstehen, wenn sie die Münder ihrer Gegenüber sehen. Das liegt erstaunlicherweise nicht etwa daran, dass die Zuhörer dem Redner von den Lippen ablesen. Vielmehr benutzt das Nervensystem einen Trick: Wenn die Eingangssignale zweier Sinnesorgane zusammen-passen, verstärken sie einander. Folglich kann das Publikum Sie besser hören, wenn es Sie deutlicher sieht.

Sorgen Sie als Veranstalter also dafür, dass jeder im Publikum freie Sicht auf den Redner hat. Setzen Sie in großen Räumen Grossbildprojektionen ein. Und als Redner senken Sie den Blick nicht ständig nach unten ins Manuskript. Die ZuhörerInnen sollten Ihnen an den

Lippen hängen - dafür müssen Sie die Lippen aber auch zeigen.

Persönlicher Bezug
Stellen Sie auch einen persönlichen Bezug zu ihrer Präsentation her. "Sie selbst haben alle die Erfahrung gemacht" oder "Ich selbst habe besonderes Interesse am Thema aufgrund folgender Erfahrungen: .." Sie erreichen hiermit eine höhere Akzeptanz.

Stellenwert
Um ein Thema im Kontext darzustellen, ist es hilfreich, die Bezüge und die Bedeutung zu erklären. "Dieses Thema ist grundlegend für das weitere Thema..."

Schlussbemerkung:
Auch eine perfekt vorbereitete Präsentation kann zunichte gemacht werden, weil ein Detail nicht stimmt. Zurück zum Dinnervergleich: auch ein perfekt vorbereitetes Mahl kann mit zuviel Salz ungenießbar gemacht werden. Es geschieht immer wieder, dass Präsentationen gut vorbereitet, jedoch durch eine Unachtsamkeit zerstört wurden.

3.1. Mind Mapping

Denken ist ein äußerst komplexer Prozess, bei welchem im Gehirn ständig neue Assoziationen gebildet werden. Details können in Gedanken beliebig variiert, hinzugefügt oder ausgeblendet werden. Es ist leicht möglich, Verknüpfungen zu anderen - bereits bekannten – Wissensgebieten zu erstellen oder abzurufen, so dass sich im Gehirn ein Netzwerk von miteinander in Verbindung stehenden Informationen bildet.

Um dieser Funktionsweise des Gehirns gerecht zu werden, wird empfohlen, Informationen nicht linear in Fließtexten oder Listen darzustellen. Bei dieser Art von Informationsweitergabe sind oft bis zu 90 % der Worte für Erinnerungszwecke irrelevant. Ziel ist es, auf überflüssige Füllwörter bewusst zu verzichten und stattdessen mit gut zu wählenden Schlüsselworten die Aufzeichnungen in einzigartigen, im wahrsten Sinne des Wortes merkwürdigen Bildern festzuhalten, die zur späteren Erinnerung des Inhaltes ausreichen und gleichzeitig zu einer inneren Auseinandersetzung mit dem entsprechenden Thema führen.

Das menschliche Gehirn besitzt eine linke und eine rechte Hälfte. Nach dem heutigen Stand der Forschung ist bei den meisten von uns die linke Gehirnhälfte für rationales Denken, Logik, Linearität, Sprache, Zahlen und Analyse zuständig. Der rechte Teil steuert überwiegend die Dimensionalität, Raumwahrnehmung, Farbe, Phantasie, Rhythmus und Gestalt. Die Forschung weist jedoch darauf hin, dass aufgrund der sehr hohen Komplexität des Gehirns keine klare Funktions-zuordnung zu bestimmten Gehirnbereichen vorgenommen wird.

Der Engländer Tony Buzan vermarktet ausgehend von dieser Erkenntnis die Mind-Map-Technik, durch welche gezielt beide Gehirnhälften angesprochen werden sollen. Durch die Nutzung beider Gehirnregionen werden Synergieeffekte genutzt, welche die geistige Leistung deutlich verbessern.

3.1.1. Grundregeln für das Mind Mapping

Das Papier wird im Querformat genutzt! In die Mitte der Seite wird ein einprägsames Bild oder eine kleine Skizze gezeichnet, die das zu behandelnde Hauptthema darstellt. Falls eine Zeichnung nicht sinnvoll erscheint, sollte das Schlüsselwort zumindest auffallend in die Blattmitte gesetzt werden. Doch nicht vergessen "Ein Bild sagt mehr als 1.000 Worte!"

Von dem zentralen Bild ausgehend wird für jeden tiefer gehenden Gedanken bzw. Unterpunkt eine Linie gezeichnet. Auf diese Linien werden die einzelnen Schüsselworte zu den Unterpunkten geschrieben. Von den eingezeichneten Linien können wiederum Linien ausgehen, auf denen die einzelnen Hauptgedanken weiter untergliedert werden usw. Tony Buzan spricht bei dieser endlosen Methode von "ausstrahlen". *(Siehe auch Skizze zu dem Thema "Konflikte und ihre Nutzen")*

Benutzen Sie unterschiedliche Farben, um die Übersichtlichkeit zu erhöhen. Gleichzeitig können beispielsweise auch zusammengehörende Gedanken und Ideen leicht durch Verwendung der gleichen Farbe verdeutlicht werden.

Bei kreativen Überlegungen sollte man sich nicht allzu lange damit beschäftigen, an welcher Stelle die Mind Map ergänzt wird. Das stört nur den freien Gedankenfluss, schließlich kann man schneller denken als schreiben. Umstellungen können später immer noch in einer Neuzeichnung vorgenommen werden. Dieses Vorgehen hat außerdem den Vorteil, sich ein weiteres Mal mit der "gemappten" Thematik zu befassen. So kann der Inhalt besser memorisiert und verstanden werden, und es besteht die Chance, den entscheidenden Gedanken gerade bei dieser Neugestaltung zu bekommen.

3.1.2. Vorteile des Mind Mappings

Das Hauptthema bzw. die Grundidee wird zentral angeordnet und kann somit schnell erfasst werden. Die graphische Präsentation unterstützt das Denken und Regularitäten können schnell erkannt werden. Ein kurzer Blick auf die Mind Map genügt, um zu wissen, worum es geht.

Durch die Verästelungen kann die relative Bedeutung eines Gedankens oder einer Idee gut dargestellt werden. Es wird eine Hierarchisierung und Strukturierung vorgenommen.

Durch die Verwendung von Schlüsselwörtern kann man sich auf das Wesentliche konzentrieren; gleichzeitig werden Zeit (zum Erstellen u. Lesen) und Raum (auf dem Papier) gespart.

Die Mind Map eignet sich hervorragend zur Wiederholung des Stoffes; die Grundgedanken sind bereits verstanden, zur Rekonstruktion und Erinnerung reichen Assoziationen der Schlüsselwörter aus.

Für eine Mind Map reicht meistens eine Seite Papier (DIN-A4, besser: DIN-A3) aus; Informationen werden somit lokal zusammengefasst, wodurch der Inhalt leichter und schneller aufgenommen werden kann.

Die Mind Map kann organisch wachsen; durch weitere Verästelungen ist die Mind Map stets für Erweiterungen offen.

Jede Mind Map sieht anders aus; dadurch wird man sich an ihre Form und an ihrem Inhalt leichter erinnern können.

Ein **Nachteil** der Mind-Map-Methode besteht darin, dass man sich erst einmal an diese Form der Aufzeichnung gewöhnen muss. Insbesondere die Akzeptanz durch Personen, die mit dieser Methode nicht vertraut sind, ist eher gering. Die Mind Maps sehen auf den ersten Blick eher unübersichtlich, konfus und verschachtelt aus. Diese Erscheinung ist aber rein formaler Natur.

3.1.3. Wo können Mind Maps eingesetzt werden?

Generell kann man sagen, dass Mind Maps überall dort nützlich sind, wo es darum geht in relativ kurzer Zeit schriftliche Aufzeichnungen zu erstellen.

Ein Seminar, Bericht, Präsentation oder ein *Vortrag* kann mittels Mind Mapping vorbereitet werden. Durch entsprechende Anordnung oder farbliche Markierung lassen sich einzelne Absätze/Themenbereiche gut voneinander abgrenzen. Die Mind Map ersetzt hier den klassischen Stichwortzettel. Die Leser bzw. Hörer können den Inhalt wiederum mindmappen und schon haben sie das Wesentliche in schriftlicher Form vorliegen.

Bei *Gruppenmeetings* können die Hauptideen/-punkte in einer großen Mind Map festgehalten werden. Auf diese Weise hat jeder Teilnehmer stets einen Überblick über den gesamten bisherigen Sitzungsverlauf. Da nur Schlüsselwörter aufgezeichnet werden, ist jeder Teilnehmer gezwungen, seine Aussagen auf den Punkt zu bringen. Unsachliche Beiträge und langatmige Umschweifungen werden nicht berücksichtigt und sind für den "Einbringer" daher nutzlos. Alle relevanten

Punkte werden auf der Mind Map festgehalten, so dass am Ende des Meetings stets ein vollständiges Protokoll in Form einer Mind Map vorliegt.

Mind Maps eignen sich auch hervorragend für *persönliche Notizen*, z. B. in einer Vorlesung, beim Lesen von Artikeln/Büchern, der Erstellung von To-do-Listen und am Telefon. Je nach Wichtigkeit des Inhalts sollte später jedoch eine Neuzeichnung der Mind Map vorgenommen werden, um den Inhalt in geeigneter Weise anzuordnen. Gleichzeitig dient die Neuzeichnung einer Wiederholung des Stoffes, so wird der Inhalt später besser erinnert und offene Fragen können erkannt werden.

3.2. Didaktik

In Seminaren und bei Präsentationen geht es darum, Menschen etwas essentiell Wichtiges zu vermitteln. Dies bedarf auch didaktischer Kenntnisse.

- Begriffsdefinition Didaktik: Die Lehre vom Lernen und Lehren
- Ziel: Medien- und Methodenwechsel, um alle Lernkanäle wie zum Beispiel den auditiven oder visuellen anzusprechen.

Lernen braucht Zeit, es ist ein so genannter Entwicklungsprozess. Ohne den natürlichen Prozess von Arbeit und Entwicklung zu durchlaufen, können Wachstum und Wandel bei den Teilnehmern nicht erfolgen.

Die enorme Anziehungskraft der Imageethik suggeriert durch verlockenden Glanz von Broschüren und Skripten und deren Abheften schon den garantierten Lernprozess, den Prozess zu verkürzen oder ohne Anstrengung zu erreichen. Daher sollten Sie den Teilnehmern vorher kein Skript austeilen. Sonst wird der Lernprozess nicht durchlaufen.

TIPP: Gestalten Sie Präsentationen abwechselnd, halten Sie Informationen zurück (z. B.: auf Flipchart bringen), fordern Sie zum Mitschreiben auf und bauen Sie Powerpointpräsentationen inhaltlich nur grob auf.

Seminare gehorchen entweder dem Prinzip der "Belehrung" oder dem Prinzip des "Säens und Erntens". Das Gesetz der "Belehrung" versucht durch Tipps, Tricks und Ratschläge ein Ziel zu erreichen, das Gesetz des "Säens und Erntens" weiß, dass es Wachstum, Reife, Arbeit, Pflege und Geduld braucht, um eine wirkliche Ernte zu erreichen.

3.2.1. Didaktik der Teilnehmerfähigkeiten

Eine der Ausbildungssäulen zum Coach oder Trainer ist die Didaktik. Sie repräsentiert Ihre Fähigkeit als Coach, die Inhalte des Seminars, Fertigkeiten und Fähigkeiten zu vermitteln, diese "gehirngerecht" aufzubereiten und sie so zu präsentieren, dass sie von den Teilnehmern verstanden werden.

Weiterhin sind Didaktik und Methodik sehr wesentliche Bestandteile, damit Sie Wissen so darbieten können, dass bei Ihren Seminarteilnehmern ein effektiver Lernerfolg nachprüfbar ist.

Die richtige Präsenz Ihrerseits während des Vortrags und Ihr professioneller Umgang mit den technischen Möglichkeiten sind erfolgsentscheidende Lern- und Lehrgegenstände als Personalcoach, Trainer, Berater oder Führungskraft.

Die Beherrschung von Rhetorik und die Faszination der freien Rede zu vermitteln und vorzuleben, gehört zur Förderung und Entwicklung eines jeden Ihrer Klienten oder Mitarbeitern. Sie trainieren Gesprächstechniken für alle notwendigen Führungs- und Coachingsituationen – so z. B. für das Motivationsgespräch, Zielvereinbarungsgespräch, Coachinggespräch, Einstellungsgespräch, usw.

Wichtig ist, dass Ihre Seminare und Präsentationen modular aufgebaut sind und somit auch Zeit für Reflexion und Supervision geben. Die Module sollten die auf dem Markt häufig nachgefragten Themen abdecken, gleichzeitig sollten Sie so flexibel sein, zusätzliche Module einzubauen, falls diese für die jeweiligen Teilnehmer von Wichtigkeit sein könnten. Wenn Sie sich ein Repertoire von Modulen aneignen, sind Sie auch in der Lage, innerhalb kürzester Zeit ein Seminar zusammenzustellen, vorausgesetzt, Sie haben die Module für sich gut ausgearbeitet und diese so vorbereitet, dass Sie jederzeit auf diese zurückgreifen können.

Quintessenz eines Seminarmoduls ist z. B., sich auf ein Mitarbeitergespräch systematisch vorzubereiten, gezielte Fragen zu stellen, aktiv zuzuhören, sachliche Probleme zu lösen, konstruktiv zu beurteilen und erreichbare Ziele zu vereinbaren.

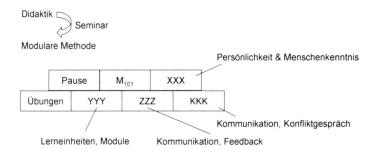

3.2.2. Bausteine eines Seminars

Quintessenz

Mögliche Bausteine eines Seminars mit dem Thema:

Beispiel: "Verkaufserfolg"

✓ Modul: Feedback
✓ Modul: Konflikt
✓ Modul: Menschenkenntnis
✓ Modul: Rollenkenntnis

3.2.3. Systemische Denkweise

Die Lerneinheiten in der modularen Seminarplanung bauen nicht methodisch aufeinander auf, sie sind also **nicht** systematisch zu verstehen. Nach der systematischen Denkweise besteht eine zwingende Reihenfolge, in der die Lerninhalte vermittelt werden. (Nach Kapitel 1 folgt *zwingend* Kapitel 2, darauf *kann nur* Kapitel 3 folgen usw.)

Lernt man hingegen nach der systemischen Denkweise, spielt die Reihenfolge, in der man die (Kleinst-) Module kennen lernt, keine Rolle. Vielmehr knüpfen diese Module Zusammenhänge untereinander und sind wie ein Netz miteinander verwoben. Man kann immer wieder auf frühere Module hinweisen oder sie noch einmal zur Sprache bringen, um aufzuzeigen, in welchem Kontext das zu Lernende miteinander steht. Lernt man systemisch, sieht man den Wald UND die Bäume.

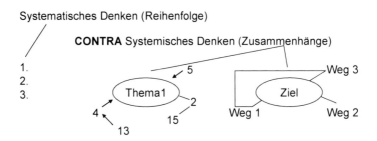

- 70 -

Spiralmodel

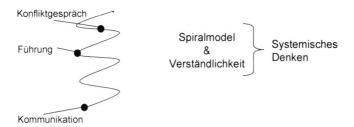

Bei dem Spiralmodell wird jedes Thema auf einem höheren Niveau mit anderen Themen verwoben und wieder aufgenommen.

3.2.4. Didaktik der Medien

Wenn Sie effizient und gezielt Informationen vermitteln wollen oder diese Informationen durch positive Schilderung schmackhaft zu machen versuchen, können Medien unterstützend wirken. Die verschiedenen Medien und ihre Einsatzmöglichkeiten müssen Ihnen daher bekannt und der Umgang mit diesen vertraut sein. Man spricht hier auch von Medienkompetenz.

Im folgenden Abschnitt werden die unterschiedlichen Medien erläutert und ihre Einsatz- und Anwendungsmöglichkeiten mit Vor- und Nachteilen aufgeführt.

Der Overhead- bzw. Tageslichtprojektor
Der Overheadprojektor kann spontan sowohl in kleinen Gruppen bei Seminaren als auch in größeren Hörsälen eingesetzt werden und ist bereits in den meisten Lehrräumen schon vorhanden.

Vorteile
- Gute Vorbereitungsmöglichkeit
- Gute Fernwirkung
- Für große Gruppen geeignet
- Korrekturen und Ergänzungen möglich
- Gute Gestaltungsmöglichkeiten

Nachteile
- Viele Gestaltungsregeln
- Es kann nur eine Folie auf einmal gezeigt werden
- Zu große Informationsflut möglich
- Projektionsfläche und Verdunkelungsmöglichkeit notwendig

Foliengestaltung
Da weder eine gute Folie, welche schlecht präsentiert wird, noch die Präsentation schlechter Folien ihren Zweck erfüllen, sollten Sie gewisse Regeln zur Folienpräsentation und beim Erstellen von Folien berücksichtigen:
- Stimmt die Schriftgröße?
- Heben Sie wichtige Stellen hervor!
- Verringern Sie die Informationsflut – Weniger ist mehr!
- Verwenden Sie entsprechende Folienstifte!
- Nutzen Sie einen sog. Folienrahmen
(dieser kann beschriftet werden und schützt die Folie vor Fingerabdrücken)!

In der Praxis hat sich folgender Ablauf der Folienpräsentation bewährt: falls es möglich ist, sollten Sie bereits vor dem Vortrag die Schärfe und Größe der Projektionsfläche prüfen. Legen Sie die Folie bei ausgeschaltetem Gerät auf und kündigen Sie Ihren Teilnehmern den Inhalt an. Prüfen Sie spätestens dann, nach dem Einschalten, anhand der Projektionsfläche, ob alles in Ordnung ist (Schärfe, Ausrichtung,...)

Damit die Teilnehmer die Möglichkeit haben sich mit dem Inhalt auseinander zu setzen, decken Sie die Folie mit einem Blatt ab und gehen Sie die Folie dann Punkt für Punkt mit den Teilnehmern durch oder lassen Sie die Folie einen Moment wirken und erklären dann alles, was auf der Folie steht. Erst wenn alles besprochen wurde, sollte der Projektor ausgeschaltet werden.

Whiteboard/Tafel
Auch ein Whiteboard/eine Tafel ist in den meisten Vortragsräumen vorhanden. Es kann sowohl spontan zur Verdeutlichung von Lerninhalten genutzt, als auch zur Erstellung vorbereiteter Tafelbilder verwendet werden.

Vorteile
- Freie, individuelle Gestaltungs-möglichkeit
- Große Flexibilität
- Auch als Magnetwand nutzbar (Whiteboard)
- Für kleine Gruppen sehr gut geeignet
- Fehler können direkt korrigiert werden

Nachteile

- Löschen des Geschriebenen ist endgültig
- Gründliche Planung von Tafelbildern ist essentiell (Chaosgefahr)
- Handschrift muss deutlich sein

Flipchart

Eine Flipchart kann, falls sie nicht zur Verfügung steht, leicht von Ihnen mitgebracht werden – sie ist sehr handlich, gut transportabel und in der Anschaffung dabei finanzierbar. Man sollte sich vor dem Kauf fragen, ob man sie auch als Magnetwand und/oder Whiteboard nutzen möchte.

Vorteile

- Sehr gute Vorbereitungsmöglichkeit (Skizzen können vorgefertigt werden)
- Gut für kleine Gruppen
- Flexible Gestaltung vor Ort möglich

Nachteile

- Keine gute Fernwirkung
- Für große Gruppen schlecht einsetzbar
- Fehler nicht korrigierbar (wenn Fehler, dann von Vorne beginnen, da Teilnehmer sonst abgelenkt sind)
- Begrenzte Fläche zur Verfügung

Pinwand

Pinwände, auch Metaplanwand genannt, sind oft in Seminarräumen schon vorhanden und ebenso wie die Flipchart für eher kleine Gruppen geeignet.

Sie sollten es von der Größe der Pinwand abhängig machen, ob Sie diese verwenden wollen oder nicht.

Vorteile
- Große Fläche zur Verfügung
- Gruppe ist aktiv
- Wenn man sie mit Papier verkleidet auch als Tafel nutzbar
- Ergebnisse sind konservierbar
- Gute Vorbereitungsmöglichkeit

Nachteile
- Geringe Flexibilität
- Begrenzte Teilnehmerzahl
- Ergebnisse müssen auf Karten übertragen und angepinnt werden

Powerpoint (Beamer)
Eine Powerpoint – Präsentation setzt voraus, dass Sie über die nötige Hard- und Software verfügen. Ein Laptop ist hierfür wünschenswert, da er am einfachsten zu transportieren ist und Sie somit flexibel sind.

Vorteile
- Sehr gute Vorbereitungsmöglichkeit
- Schrittweise Aufarbeitung möglich, Skizzen können so nacheinander mit den Teilnehmern erarbeitet werden, ohne durch zu viele Informationen vorzugreifen
- Gute Fernwirkung (auch für große Gruppen geeignet)

Nachteile

- Ein Beamer muss vorhanden sein
- Abhängigkeit von der Technik (Ausweichen auf andere Medien muss notfalls möglich sein)
- Gefahr der Überflutung (unbedingt sparsam anwenden!)

TIPP: Planen Sie bereits bei der Vorbereitung eines Seminars den Einsatz verschiedener Medien ein. Ein Trainer zeichnet sich durch einen kompetenten Medienwechsel aus. Berücksichtigen Sie auch eine alternative Planung der Medien, damit Sie auf alle Eventualitäten vorbereitet sind und z. B. ein Stromausfall Sie nicht aus dem Konzept bringen kann.

3.2.5. Methoden der Didaktik

Ebenso wichtig wie die *Medien*kompetenz ist auch die *Methoden*kompetenz. Sie sollten in Ihrem Seminar nicht nur zwischen verschiedenen Medien variieren, sondern auch unterschiedliche Methoden einsetzen. Folgende Methoden können Sie abwechselnd in Ihr Seminar einbauen:

Gruppenarbeit
In der Gruppenarbeit lassen Sie die Teilnehmer sich entweder selbst zu Gruppen zusammenfinden, oder Sie teilen sie ein. Je nach Thema können Sie die Gruppenarbeit flexibel gestalten. Die Teilnehmer bekommen nun von Ihnen einen Arbeitsauftrag, den sie in der vorher klar bestimmten Zeit erfüllen sollen. Das Ergebnis der Arbeit soll im Anschluss von der Gruppe

(oder einem Sprecher der Gruppe) im Plenum vorgestellt und ggf. diskutiert werden. Jede Gruppe kann dasselbe Thema bekommen, es können aber auch unterschiedliche Aufträge erteilt werden. Die Teilnehmer erarbeiten dann Lerninhalte selbst.

Einzelarbeit

Soll eine Einzelarbeit erfolgen, so stellen Sie eine Aufgabe, die jeder für sich bearbeiten soll. Die Ergebnisse der Einzelarbeit sollten nach Ablauf der Zeit ebenfalls besprochen werden.

Lehrvortrag

Im Lehrvortrag sind Sie als Seminarleiter der Einzige, der spricht. Der Lehrvortrag dient dazu, neue Lerninhalte zu vermitteln und Grundlagen zu schaffen, die für andere Methoden, wie z. B. die Gruppenarbeit, eine notwendige Voraussetzung darstellen. Hierbei sollten Sie beachten, dass zu lange Vorträge mit zu vielen Inhalten einschläfernd auf die Teilnehmer wirken können. Also sollten Sie nicht zu lange Vorträge am Stück einplanen, nicht zu viele Inhalte hineinpacken und auf einen Vortrag folgend sollten Sie möglichst eine interaktive Form des Lehrens wählen.

Lehrgespräch

Im Lehrgespräch kommunizieren Sie mit den Teilnehmern des Seminars. Sie können immer wieder neu zu lernende Aspekte einstreuen und das Gespräch durch lenkende Fragen führen. Die Teilnahme an dem Gespräch ist hierbei freiwillig.

3.3. Seminarplan und Inhalt

Genug über Didaktik. Bevor Sie Seminare oder Präsentationen durchführen, vor allem erfolgreich durchführen wollen, ist es wichtig einen Seminarplan zu erstellen.

Die Erstellung eines Seminarplans gliedert sich in drei Schritte:

1. Thema auswählen
2. Gesamtplan erstellen
3. Modulplan erstellen

Thema auswählen
Jedes Seminar braucht ein Thema – Sie als Seminarleiter müssen wissen, was Sie den Teilnehmern vermitteln möchten. Das Thema kann entweder durch den Auftraggeber vorgegeben oder selbst gewählt sein.

Gesamtplan erstellen
Der Gesamtplan enthält alles, was man im Rahmen des Seminars mit den Teilnehmern vorhat – von der Begrüßung bis zur Verabschiedung:

a) Begrüßung
b) Warming-up
c) Vorstellungsrunde
d) Tagesablauf vorstellen
e) Module
f) Übung
g) Pause
h) Module
i) Übung
j) Blitzlicht (Feedback der Teilnehmer)
k) Verabschiedung

Jeder dieser Schritte sollte zeitlich genau geplant sein, damit Sie als Seminarleiter die Übersicht behalten und kontrollieren können, ob Sie sich im geplanten zeitlichen Rahmen bewegen. Bei der Seminarplanung sollten Sie berücksichtigen, dass Sie verschiedene Medien und verschiedene Methoden mischen ("mehr als fünf Folien sind ein Film").

Modulplan erstellen

Wenn Sie ein Seminar halten, ist die Vorbereitung mehr, als die halbe Miete. Zu jedem Teilthema sollten Sie also einen Modulplan erstellen. In diesem Modulplan müssen mehrere Dinge festgelegt werden:

- Das Lernziel immer zu Beginn festlegen, da es die Handlung leitet. Was sollen die Teilnehmer lernen?
- Überschrift des Teilthemas
- Genauer Zeitraum, in dem das Teilthema behandelt werden soll
- Medien, die man dafür benutzen will (z. B. Flipchart, Whiteboard, Folie..)
- Methode, die man wählt (z. B. Vortrag, Diskussion, Moderation...)

TIPP: Nutzen Sie das Internet - das Rad muss nicht neu erfunden werden, denn es spricht nichts dagegen, Vorhandenes zu nutzen!

3.4. Brainstorming

Um eine Diskussion einzuleiten oder um Themen zu sammeln, können Sie nach der so genannten Brainstorming – Methode vorgehen. Hierbei sollen alle anwesenden Teilnehmer sich aktiv beteiligen und zu einem Oberthema alle Punkte sammeln, die ihnen dazu einfallen und die ihnen wichtig erscheinen.

Sie als Seminarleiter sollten vorher einige Regeln bekannt geben, nach denen sich alle Teilnehmer während des Brainstormings richten sollen:

- ✓ JEDE Idee wird notiert
- ✓ Es gibt KEINE Vorschläge, die nicht zum Thema passen
- ✓ Es darf gelacht werden, aber es darf nicht ausgelacht werden
- ✓ Es gibt keine Bewertung oder Kritik

Sie sollten sicherstellen, dass allen Teilnehmern diese Regeln bekannt sind, bevor das Brainstorming beginnt. Sie können diese beispielsweise als Handout verteilen oder gut sichtbar an der Wand anbringen.

Dann geben Sie das Thema bekannt und leiten das Brainstorming, indem Sie alle Punkte, die genannt werden, an der Tafel/dem Whiteboard/der Flipchart... sammeln.

Beim Aufschreiben sollten Sie als Seminarleiter darauf achten, dass Sie nicht bereits eine Reihenfolge der gesammelten Punkte vorgeben – Sie sollten die Punkte wertfrei und neutral aufschreiben, am besten in der Reihenfolge, in der sie von den Teilnehmern genannt werden.

Ist das Brainstorming abgeschlossen, kann dann beispielsweise mit der Moderationsmethode gemeinsam entschieden werden, wie die Punkte sortiert werden können und welches Gewicht den einzelnen Ideen von der Gruppe beigemessen wird.

3.5. Die DIN-A5 Kartenmethode

Zur Vorbereitung eines Vortrags sollte sich der Seminarleiter Karten anfertigen. Diese Karten sollten das Format DIN-A5 haben. Die für die Seminarteilnehmer ersichtliche Rückseite der Karten kann zum Thema des Seminars frei gestaltet werden. Der Seminarleiter kann beispielsweise Werbung für sich selbst und sein Unternehmen visualisieren.

Die Vorderseite sollte in einen kleineren Abschnitt (ca. 1/3) und einen größeren Abschnitt (ca. 2/3) eingeteilt werden.

Nun sollte der Seminarleiter die Karte für sich so gestalten, dass er die größere Fläche nutzt, um das Bild darauf zu gestalten, das er beispielsweise während des Vortrags an die Tafel/das White-board zeichnen möchte.

Den kleineren Teil der Karte nutzt er, um sich den Kommentar aufzuschreiben, den er gründlich erarbeitet hat (beispielsweise die Zusammenfassung eines Textes) und den er während des Vortrags den Teilnehmern mitteilen will.

Die Kartenmethode sollte so kleinschrittig genutzt werden, dass für den Vortragenden immer klar ist, was er genau zu welchem Tafelbild (oder Teil des Tafelbildes) sagen möchte.

Beispiel:

Lesen bildet!	Vorteile 1.... 2.... 3.... Nachteile 1.... 2.... Literaturtipps 1.... 2....

3.6. Vorstellungsrunden

Bei einer Präsentation oder einem Vortrag ist es nicht unbedingt notwendig, dass sich die Zuhörer oder Teilnehmer gegenseitig vorstellen, bei Seminaren oder Diskussionsrunden schon.

Hier neun mögliche Vorstellungsrunden:

1) Trainer stellt vor (psychologisch schonend)
Über die Moderationsmethode zum Beispiel Name, Hobby, Befürchtungen, Erwartungen etc. der Teilnehmer vorstellen.

2) Reizwortassoziation
Es werden Karten, wenn notwendig auch doppelt oder dreifach, zu einem bestimmten Thema wie z. B. "Zeitverschwendung" oder "Motivation"

ausgelegt. Die Teilnehmer wählen sich ein Thema aus, erläutern dies kurz und stellen sich nebenbei vor. Eine andere Möglichkeit sind auch Postkarten, Fotos oder Produkte.

3) **Gegenseitiges Paarinterview**
   a) Zwei Teilnehmer interviewen sich gegenseitig ca. fünf Minuten
   b) X stellt Y vor, Y stellt X vor.

4) **Vorfallschilderung**
   Ein Vorfall der letzten Tage wird erzählt, der möglichst zum Thema des Seminars passt – während der Erzählung stellt sich der Teilnehmer vor.

5) **Brainstorming**
   Jeder Teilnehmer pinnt das, was er von sich preisgeben möchte, in Kartenform an die Pinnwand – der Seminarleiter oder ein Teilnehmer liest die Karten vor

6) **Collage (bei mehrtägigen Seminaren)**
   Jeder Teilnehmer fertigt eine Collage an aus verschiedenen Zeitschriften, die der Seminarleiter mitbringt. Die Collagen werden dann ausgestellt und beim Betrachten der Collagen stellen sich die Teilnehmer gegenseitig vor. Diese Methode erfordert einen hohen Zeit- und Materialaufwand.

7) **Expertenbefragung**
   Ein Teilnehmer stellt sich als "Experte" zu einem Thema zur Verfügung. Die anderen Teilnehmer befragen ihn zu diesem Thema und stellen sich nebenbei vor.

8) Pro und Contra Debatte

Die Teilnehmer teilen sich in zwei Gruppen ein, die je einen Standpunkt zu einem Thema vertritt (Pro und Contra). Während das Thema diskutiert wird, stellen sich die Teilnehmer vor.

9) Fallbeispiel

Jeder Teilnehmer erzählt ein Beispiel zu dem Seminarthema. Während der Erzählung stellt er sich vor.

4. LEBENSMANAGEMENT

(auch Zeit- und Selbstmanagement)

Unter Zeitmanagement verstehen wir auch Lebensmanagement, d. h., wie manage ich mich "Selbst", um die "Zeit" in meinem "Leben" so effektiv wie möglich zu gestalten!? Zeitmanagement ist sozusagen synonym (gleichbedeutend) mit Lebensmanagement.

Hierzu einige Beispiele, die beliebig fortgeführt werden können:

- Zeitdruck = Lebensdruck
- Zeitdiebe = Lebensdiebe
- Zeitfresser = Lebensfresser
- Zeitverschiebung = Lebensverschiebung
- Zeitnot = Lebensnot
- Keine Zeit = kein Leben
- Zeitlos = Lebenslos
- Arbeitszeit = Arbeitsleben
- usw.

Zeitmanagement heißt auch, das Leben meistern.
Plane immer vom Ende aus denkend. Eine mangelnde Vorbereitung kann am Ende ein böses Erwachen bedeuten.

Beispiel Lebensmauer:
Beim Erreichen des eigentlichen Karriereziels stellt man fest, dass die Karriereleiter an die falsche Mauer gestellt wurde, das man aber erst am Ende der Leiter/der Lebensleiter feststellt.

Das hier angesprochene Zeit-Lebensmanagement unterscheidet sich von den klassischen Zeitmanagementseminaren. Während es in den klassischen Seminaren darum geht, z. B. die Termine im Wochenplan besser zu organisieren, geht es bei unserem Ansatz darum, zuerst das Wesentliche zu planen, bevor Alltag, Routine und Termine die restliche Woche bestimmen. Um das Wesentliche planen zu können, sollte man seine eigene Lebensphilosophie verinnerlicht haben.

4.1. Prioritätensetzung: Das Eisenhower-Prinzip

Nach diesem Prinzip teilt man Tätigkeiten in vier Bereiche ein: (einige Beispiele)

I: wichtige und dringende Aufgaben
- Dringende Probleme
- Projekte mit Abgabetermin

II: wichtige und wesentliche, aber nicht dringende Aufgaben
- Vorbeugung
- Beziehungsarbeit
- Planung/Lebenszielplanung
- Neue Möglichkeiten erkennen sowie Ziele setzen
- Gute Literatur lesen

III: dringende aber nicht wichtige Aufgaben
- Manche Post
- Unterbrechungen
- Einige Anrufe

IV: nicht dringende und nicht wichtige Aufgaben
- Triviales
- Manche Post
- Zeitverschwender

Dringend heißt, etwas bedarf sofortiger Aufmerksamkeit. Wichtigkeit hat etwas mit Ergebnissen zu tun. Wenn etwas wichtig ist, trägt es zur Lebensaussage, zu Werten und zu Prioritäten bei.

Wir reagieren auf dringende Angelegenheiten. Wichtige und wesentliche Dinge, die nicht dringend sind (Bereich II), erfordern mehr Initiative. Dabei ist dieser Bereich das Herz von effektivem, persönlichen Management. z. B.:

- Beziehungen aufbauen
- Eine persönliche Lebensaussage schreiben
- Vorbereiten und Förderung der persönlichen Entwicklung

Also Dinge, von denen wir wissen, dass wir sie tun müssen, die wir aber meist liegen lassen, weil sie nicht dringend sind. Wenn wir diese Dinge zu sehr vernachlässigen, werden sie irgendwann dringend (z. B. Krankheit aufgrund fehlender körperlicher Bewegung, Ehekrise aufgrund mangelnder Beziehungsarbeit).

4.2. Kontrollfragen für die Auswahl wichtiger Tätigkeiten

- Durch die Ausführung welcher Tätigkeiten kommen ich und meine Mitmenschen, meinen globalen Lebenszielen am ehesten näher?
-
- Durch die Ausführung welcher Tätigkeiten erziele ich den größten Nutzen, werden ich und meine Mitmenschen am meisten belohnt?

- Bei welcher Tätigkeit habe ich im Falle der Nichtausübung mit den negativsten Folgen (Ärger, Tadel) zu rechnen?

Wenn man es lernt, den wichtigen Aktivitäten (Bereich II) mehr Zeit zu widmen, wird die Effektivität "dramatisch" zunehmen. Krisen und Probleme schrumpfen auf eine handhabbare Größenordnung. In der Sprache des Zeitmanagement, nennt man das Pareto-Prinzip – 80 % der Ergebnisse entstammen 20 % der Tätigkeiten.

Pareto-Prinzip
Der "Gott der cleveren Faulen" heißt Vilfredo Pareto (1848-1923). Der italienische Ökonom stellte die Formel auf, dass man mit 20 % von dem, was man tut, 80 % der Ergebnisse erzielt.

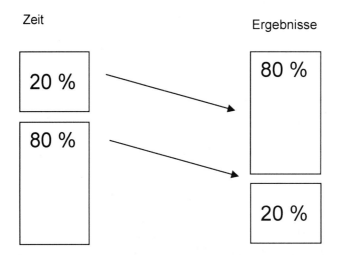

Erfolgreiche Menschen disziplinieren sich dazu, immer mit der wichtigsten und meistens auch schwierigsten Aufgabe anzufangen, die vor ihnen liegt. Dadurch können sie mehr als andere erreichen.

NIMM DIR ZEIT

Nimm dir Zeit, um zu arbeiten,
es ist der Preis des Erfolges.
Nimm dir Zeit, um nachzudenken,
es ist die Quelle der Kraft.
Nimm dir Zeit, um zu spielen,
es ist das Geheimnis der Jugend.
Nimm dir Zeit, um zu lesen,
es ist die Grundlage des Wissens.
Nimm dir Zeit, um freundlich zu sein,
es ist das Tor zum Glücklichsein.
Nimm dir Zeit, um zu träumen,
es ist der Weg zu den Sternen.
Nimm dir Zeit, um zu lieben,
es ist die wahre Lebensfreude.
Nimm dir Zeit, um froh zu sein,
es ist die Musik der Seele.

Autor unbekannt!

5. SOZIALE KOMPETENZ

Der Mensch ist von Natur aus kein Einzelwesen, sondern ein soziales Wesen. Dies bedeutet, dass der Mensch danach strebt, Kontakt zu anderen Personen aufzubauen. Das häufigste "Instrument", dessen sich der Mensch hierbei bedient, ist die Kommunikation. Sei es das Beisammensein mit Freunden, das Diskutieren mit Kollegen, das Verhandeln mit Kunden oder der flüchtige Gruß. Überall – ob im Privatleben oder im Beruf – haben wir es mit Kommunikation zu tun.

Sie ist die Brücke zum anderen. Mit Hilfe von Sprache und Körpersignalen versuchen wir, uns verständlich zu machen und das Verhalten anderer einzuordnen und zu interpretieren. Jeder von uns kennt hierbei die Schwierigkeiten und Missverständnisse, die sich während eines Kommunikationsprozesses ergeben können. Nicht selten fragt man sich nach einem gescheiterten Gespräch:

"Wie konnte das passieren?"
Gründe liegen u. a. darin, dass wir häufig nicht wissen, wie Kommunikation zu Stande kommt und welchen Einflüssen und Regeln sie unterliegt. Dies gilt nicht nur für den privaten, sondern insbesondere auch für den geschäftlichen Bereich. Gerade hier ist jedoch eine gelungene Kommunikation mit den Kollegen, Mitarbeitern und Vorgesetzten von großer Bedeutung.

Untersuchungen, in denen die Hauptaufgaben betrieblicher Vorgesetzter analysiert werden, verweisen auf die Bedeutung des Gesprächs als Führungsaufgabe. Ob durch Telefonate, Konferenzen, Anweisungen, Kontrolle; im Durchschnitt verbringen Führungskräfte 40 bis 80 Prozent ihrer Arbeitszeit damit, mit Anderen zu reden.

Die Kontakte verteilen sich dabei auf viele verschiedene Partner, so dass der Arbeitstag der Führungskräfte durch eine große Anzahl kurzer Gesprächsepisoden bestimmt wird. Die Führungskraft kann damit als Dreh- und Angelpunkt innerhalb des Kommunikationssystems Unternehmen betrachtet werden: Im Laufe des Tages stellt sie eine Vielzahl von Verbindungen zwischen den verschiedenen Stellen des Betriebes her.

Zudem sollte Führung in Zukunft von der Führungskraft partnerschaftlicher gestaltet werden, was die gleichberechtigte Einbeziehung des Mitarbeiters in die Arbeitsabläufe bedeutet. Dabei verlieren die hierarchischen Strukturen zu Gunsten informeller und kommunikativer Beziehungen an Bedeutung.

Gespräche können aber nicht nur zweck- und leistungsbezogen betrachtet werden, sie erfüllen auch wichtige soziale und emotionale Funktionen, indem sie die Anerkennung, Hilfestellung, Beratung und Akzeptanz vermitteln, die der Mensch sich auch im Arbeitsleben erhofft.

Entsprechend häufig sind jedoch von Seiten der Führungskraft nur Anweisungen und Belehrungen zu hören, also die typische Einweg-Kommunikation eines Wissenden zu einem Unwissenden. Das Gespräch – und damit eine zweiseitige Kommunikation – wie sie von den Mitarbeitern gewünscht wird, findet oft gar nicht oder doch nur selten statt. Das gegenseitige Überzeugen ist jedoch ein wichtiger Bestandteil der Kommunikation im Arbeitsalltag und eine Grundvoraussetzung, Ziele in

Zusammenarbeit zu verfolgen. Unterschiedliche Einstellungen der Beteiligten müssen in Einklang gebracht werden; durch Kommunikation muss ein Konsens bezüglich der Pläne und der Handlungen erzielt werden, indem sich die Kommunikationspartner von der "Richtigkeit" ihrer Vorstellungen überzeugen.

Ist man bei der Zielverfolgung nicht auf sich allein gestellt, reicht es nicht aus, klare Ziel- und Verwirklichungsvorstellungen zu haben; die Realisierungschancen hängen in gleichem Maße von der Fähigkeit ab, sich mitzuteilen und zu überzeugen. Erfolg ist somit abhängig von der eigenen Interaktionskompetenz. Diese ist bei vielen Führungskräften nur unzureichend ausgebildet. Sie verfügen häufig nicht über die entsprechenden methodisch-didaktischen, inhaltlichen und kommunikativen Kenntnisse, die die Durchführung von Gesprächen erleichtern.

5.1. Transaktionsanalyse (Seelenmodell)

Bevor eine Führungskraft sich jedoch mit fremdem Kommunikationsverhalten befasst, sollte sie sich zuerst mit dem eigenen Verhalten auseinandersetzen. Mit dem sog. Phänomen der inneren Stimme oder auch Transaktionsanalyse.

Die Transaktionsanalyse ist eine Theorie der menschlichen Persönlichkeit, der zwischenmenschlichen Beziehung und Kommunikation. Sie wurde vom amerikanischen Psychiater Dr. Eric Berne (1910 bis 1970) begründet und bietet u. a. ein Entwicklungs- und Beratungskonzept zur Förderung des individuellen, sozialen und kollektiven Wachstums. Somit ist die

Transaktionsanalyse eine Methode, die u. a. auch in der Beratung und Erwachsenenbildung verwendet werden kann.

Die Transaktionsanalyse untergliedert sich in drei Hauptkonzepte:

- Die drei Ich-Zustände der Persönlichkeitsstruktur
- Das Lebensskript (Verarbeitung in der Kindheit gemachter Erfahrungen, welche beim erwachsenen Menschen das spätere Verhalten bestimmen bzw. beeinflussen)
- Die Kommunikationstheorie

(www.rauen.de/coaching-fachbegriffe/coaching-fachbegriffe_q-z.htm)

Die Theorie der Transaktionsanalyse geht davon aus, dass unser Denken, Fühlen und Verhalten von verschiedenen Wesensmerkmalen unserer Person bestimmt werden, die wir als Kind-Ich, Eltern-Ich und Erwachsenen-Ich bezeichnen. Diese Ich-Zustände treten bei einer inneren Auseinandersetzung oder Entscheidung auf, und auch nach außen hin, im Kontakt mit anderen Menschen.

Die Transaktionsanalyse betont die Bedeutung des meist unbewussten Lebensplans, dem in der Kindheit entwickelten Selbst- und Weltbild (geprägt in den ersten sechs Lebensjahren), nach welchem jede Person ihre Erfahrungen auslegt und ihr Leben gestaltet.

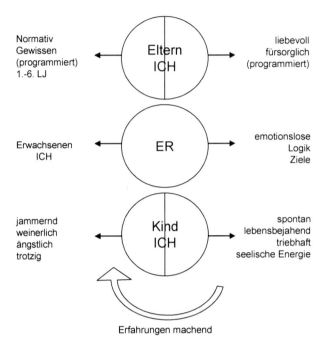

Normativ
Gewissen
(programmiert)
1.-6. LJ

Eltern
ICH

liebevoll
fürsorglich
(programmiert)

Erwachsenen
ICH

ER

emotionslose
Logik
Ziele

jammernd
weinerlich
ängstlich
trotzig

Kind
ICH

spontan
lebensbejahend
triebhaft
seelische Energie

Erfahrungen machend

5.2. Das prototypische Seelenleben der drei Ich-Zustände

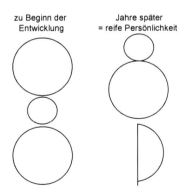

zu Beginn der
Entwicklung

Jahre später
= reife Persönlichkeit

Das Kind-Ich

Im Kind-Ich erleben wir oft Gefühle, die wir aus der Kindheit kennen. Wenn wir z. B. vor dem Vater stehen, der uns tadelt, haben wir Angstgefühle und fühlen uns klein und eingeschüchtert. Wir leiden und fühlen uns schuldig. Wer diese Gefühlsregungen verspürt, wirkt niedergeschlagen, traurig, ängstlich oder schüchtern. Die Erlebnismöglichkeiten sind keinesfalls auf die Kindheit beschränkt, sondern sie sind in ihrer Art kindhaft. Aus dem kindhaften Element reagiert man meist sehr emotional. Man kann auch gegenteilig empfinden, nämlich spielend, neugierig, begeistert, genießend.

Das Erwachsenen-Ich

Man beobachtet alles aufmerksam und erfasst die Realität. Man denkt emotionslos über Fakten nach und prüft diese. Man geht strukturiert vor, bleibt sachlich und kühl und bedenkt Folgen. Wenn der Mensch aus dem reflektierenden Element handelt, ist dies emotionslos und sachlich kalkuliert.

Das Eltern-Ich

Mit dieser Persönlichkeitsstruktur verbindet man z. B. die Eigenschaften eines Lehrers. Mit diesem Bild können Sie sich die Eigenschaften gut vorstellen. Man gibt immer ein Wissen vor, egal ob man korrigiert oder verbietet. Man weiß, wie man Anweisungen zu geben hat. Es scheint, als bilde man sich Urteile über andere und möchte seine Wertvorstellungen durchsetzen. Hier kann werten auch schnell in abwerten übergehen. Eine ganz andere Seite des lehrhaften Elements ist die Fürsorglichkeit, wie z. B. eine Mutter ihr Baby im Arm wiegt.

Rautenberg/Rogoll: Werde, der Du werden kannst.
Persönlichkeitsentfaltung durch Transaktionsanalyse. Freiburg 2001

6. FÜHRUNGSSTILE

Olfert/Rahn definieren Führungsstil als ein Führungsinstrument, das die Grundhaltung zeigt, mit der Vorgesetzte die ihnen unterstellten Mitarbeiter beeinflussen. Mit dem Führungsstil wird ein idealtypisches Verhaltensmuster des Vorgesetzten beschrieben.

Ein Führungs-Verhaltensmodell von Blake/Mouton hat sich wie kaum ein anderes Modell bewährt und besticht durch seine Einfachheit. Die Autoren nutzen hierbei dieselbe Einteilung von Führungsstilen, die schon der Psychologieheroe Kurt Lewin verwendet hat.

In dem so genannten **autoritären** *Führungsstil* werden die von dem Geführten auszuführenden Aufgaben rigide vorstrukturiert. Der Abteilungsleiter beispielsweise hat ein bestimmtes Ziel vor Augen und setzt dieses durch, indem er die Aufgaben an seine Mitarbeiter verteilt, ohne dies vorher mit ihnen abzusprechen.

Demokratische Führung bedeutet, dass die Mitarbeiter in Entscheidungsprozessen konsultiert und einbezogen werden. Ist in diesem Fall ein bestimmtes Ziel zu erreichen, so bespricht der Abteilungsleiter dies mit seinen Mitarbeitern und es wird gemeinsam überlegt, wie das Ziel von der Gruppe am besten erreicht werden kann.

Laissez-faire hat im günstigsten Fall die Freiräume der Mitarbeiter im Sinn, bedeutet also als Führungsstil minimale Eingriffe in die Handlungsspielräume des Mitarbeiters. Soll hierbei ein bestimmtes Ziel erreicht werden, so gibt der Abteilungsleiter dieses bekannt, überlässt die Umsetzung aber komplett seinen Mitarbeitern.

Blake und Mouton untersuchten verschiedenste Führungsstile, wobei sie schließlich zwei wesentliche Dimensionen erkannten:

Die *leistungsorientierte* und *mitarbeiterorientierte Führung* zeichnen sich als die Extrempole zwischen autoritärem und sozialem Führen aus.

In der graphischen Darstellung wird deutlich, dass es nicht eine Frage ist, welcher Führungsstil der bessere ist, sondern welcher Führungsstil wann am sinnvollsten eingesetzt wird. Ein flexibles Mischen der Führungsstile ist also gewünscht.

Mitarbeiterorientierung

sozial
extremes Bemühen um Mitarbeiter
Atmosphäre im Vorder-,
Produktion im Hintergrund

demokratisch
Produktion und Mitarbeiter
Im Zentrum

Laissez-faire
Geringes Einwirken auf
Produktionsverlauf und Mitarbeiter

autoritär
Produktion im Vorder-,
Mitarbeiter im Hintergrund

Leistungsorientierung

Wenn ein Azubi eingearbeitet werden soll, empfiehlt sich ein Führungsstil, der bestimmend die Notwendigkeiten einfordert.

Wenn ein Mitarbeiter seit Jahren seinen "Job" macht, wird eher ein sozial- oder laissez-faire- geprägter Führungsstil angebracht sein.

6.1. Anforderungen an eine Führungskraft:

- ✓ Konfliktfähigkeit
- ✓ Einfühlungsvermögen
- ✓ Durchsetzungsvermögen
- ✓ Überzeugungskraft
- ✓ Teamfähigkeit
- ✓ Flexibilität
- ✓ Zeit- und Selbstmanagement
- ✓ Verhandlungskompetenz
- ✓ Führungskompetenz
- ✓ Motivationsfähigkeit

Der Einsatz eines bestimmten Führungsstils ist bestimmt durch die Persönlichkeit, die Macht und die Erfahrung sowohl des Vorgesetzten als auch des Mitarbeiters. Der Führungsstil ist auch durch die jeweilige Führungsstituation bedingt. In der Führungspraxis gibt es eine Vielzahl von Modifikationen und Mischungen der Führungsstile. Um sich hier noch stärker einzulesen, empfehlen wir Ihnen das Buch "Unternehmensführung" von Olfert/Rahn.

6.2. Wichtige Elemente des Führens

Motivation - Wichtig dabei ist die Persönlichkeit, die Ausstrahlungs-kraft und das psychologische Geschick des Führenden.

Information - Wichtig ist, effizient Informationen sammeln zu können und präsent zu haben.

Ausbildung - Wichtig ist, die Materie zu beherrschen und methodisch-didaktisches Geschick zu haben ebenso Lehrmethoden und Arbeitstechniken zu kennen.

Erziehung - Wichtig ist, Vorbild zu sein, sich in Menschenführung auszukennen und pädagogisch geschickt zu sein.

6.3. Ziele

Zitat von Mark Twain:
"Nachdem wir das Ziel endgültig aus den Augen verloren hatten, verdoppelten wir unsere Anstrengungen."

Führung ist ohne Zielvereinbarung kaum denkbar!

Ziel: eindeutige sprachliche Formulierung

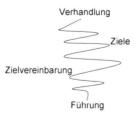

6.3.1. Zweck der Zielbestimmung

- Motivation durch Aktivität bei der Zielbestimmung
- Widersprüche erkennen und vermeiden
- Mitbeteiligung bei der Zielfindung
- Klarer Maßstab für Leistung
- Transparenz
- Persönlichkeitsentwicklung bei der Zielbestimmung und später bei Erreichen des Ziels
- Verantwortungsübernahme
- Verantwortungsbewusstwerdung der Konsequenzen der Zielerreichung im menschlichen Gesamtrahmen ("Gemeinschaftsgefühl")
- Fähigkeit trainieren, konstante, längerfristige Ziele von kurzfristigen, verwirrenden Zielen unterscheiden zu können
- Mitwirkung bei der Unternehmensentwicklung

6.3.2. Zielformulierung

Ziele operationalisieren (alle einzelnen Arbeitsschritte detailliert angeben) (lat.: opus – Arbeit, Werk)

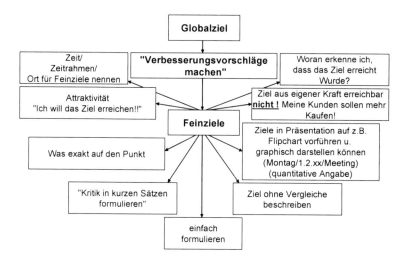

6.3.3. Motivationsdimensionen der Zielformulierung

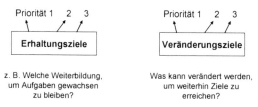

Priorität 1   2   3

Erhaltungsziele

z. B. Welche Weiterbildung, um Aufgaben gewachsen zu bleiben?

Priorität 1   2   3

Veränderungsziele

Was kann verändert werden, um weiterhin Ziele zu erreichen?

z. B. welche Verkaufsförderungsmethode soll der Mitarbeiter zusätzlich stärker ausprobieren?

Wichtig ist hierbei vor allem, dass man sich erreichbare Ziele steckt, die ganz klar definiert sind! Ein Ziel wie: "Ich werde im nächsten Jahr versuchen, möglichst viel von dem Produkt xy zu verkaufen" ist unkonkret definiert und ein Erreichen dieses Ziels lässt sich daher auch schwer nachvollziehen.

Ein Ziel sollte ganz genaue Angaben enthalten, z. B.: "Ich werde morgen Frau Schmitz, Herrn Müller und Herrn Meier anrufen und mit ihnen individuelle Termine für das Verkaufsgespräch vereinbaren."

7. TEAMARBEIT

Projekte ohne Team-Arbeit sind heute nahezu undenkbar. Dabei stehen sowohl Teamleiter, Teammanager als auch Mitarbeiter hohen Erwartungen gegenüber.

Ein gutes Team verkörpert genau die Top-Qualitäten, die ein Vorgesetzter von einem einzelnen Mitarbeiter unmöglich verlangen könnte, wie zum Beispiel den perfekten Diplomaten, den Anführer, den brillanten Analytiker, das Verkaufstalent, den Vollblutwissenschaftler und natürlich den Kreativen, der vor Ideen nur so sprüht.

7.1. Teambildungsphase

Team**bild**ung

    In welcher Hin**sicht** →
    Strategien, Führungsstil, Glaubenssätze etc.

    Wo ist "Norden"?

Die Zusammensetzung eines Teams hat einen entscheidenden Einfluss auf das Erreichen eines Ziels. Nicht nur, dass die Art und die Menge des zur Verfügung stehenden Wissens bestimmt wird, sondern auch das soziale Klima kann entscheidend beeinflusst werden.

In der Bildung eines Teams werden grundsätzlich folgende fünf Phasen durchlebt:

7.1.1. Testphase (Forming)

Diese wird charakterisiert durch Eigenschaften wie:
- Höflichkeit (s. auch Johari Fenster, öffentliche Person)
- Unpersönlichkeit (s. auch Johari Fenster, öffentliche Person)
- Spannung (gespannt - sein)
- Vorsicht

7.1.2. Nahkampfphase (Storming)

Diese auch als Konfliktphase bezeichnete Phase, ist die entscheidende und wichtigste Phase, da die Teilnehmer sich gegeneinander abgrenzen und sich herauskristallisiert, wer welche Rolle im Team wohl übernehmen wird. Dabei kann ein und dieselbe Person in verschiedenen Teams ganz unterschiedliche Rollen übernehmen.

Die Phase "Storming" wird charakterisiert durch:
- Unterschiedliche Konflikte
- Konfrontation der Persönlichkeiten
- Rebellion → Anerkennen was ist! (siehe auch Eisbergmodell und Triade)
- Gefühl der Ausweglosigkeit
- Widerstand gegen Regeln → Abwehrmechanismen z. B. Trotz
- Mühsames Vorwärtskommen
- Beziehungsknüpfen untereinander
- Cliquenbildung

7.1.3. Orientierungsphase (Norming)

Diese wird charakterisiert durch:
- Entwicklung von Umgangsformen und Verhaltensweisen
- Feedback
- Kommunikation
- Wir-Gefühl suchen,
  ohne Wir-Gefühl keine Weiterentwicklung
- Konfrontations-Regelung (Ich setze mir Regeln)
- Gruppe wird funktionsfähig

Die Gruppe lässt die Aufgabe wieder in den Vordergrund rücken, das gemeinsame Ziel lässt die Teilnehmer wieder zusammenrücken.

7.1.4. Arbeits- und Verschmelzungsphase (Performing)

Diese kennzeichnet sich durch:
- Rolle (freiwillig) übernehmen
- Kooperation
- Solidarität
- Teammitglieder setzen sich füreinander ein
- Vertrauen
- Sich aufeinander verlassen können
- Flexibilität
- Ideenreichtum
- Leistungsfähigkeit
- Offenheit → (welt-)gemeinschaftsförderlich

Hier wird den Teilnehmern deutlich, dass das gemeinsame Ziel nur erreicht werden kann, wenn alle zusammenwirken. Stärkere übernehmen Arbeitsschritte eines Schwächeren, es beginnt eine wirkliche Team-Arbeit.

7.1.5. Abschlussphase (Closing)

Hier wird die Aufgabe/das Projekt beendet und das Team aufgelöst.

Für neue oder hieraus folgende Aufgaben beginnt wieder eine neue Formierungsphase. Entscheidend für die Entwicklung und Ausprägung der einzelnen Phasen ist die Führung des Teams.

7.2. Drei Ebenen der Zusammenarbeit

Wenn mehrere Menschen miteinander reden, lässt sich ihre Zusammenarbeit unter drei verschiedenen Gesichtspunkten betrachten:
Wie sie auf der **Sachebene** ihre Aufgabe bewältigen, wie sie sich dabei auf der **Geschäftsordnungsebene** organisieren und wie sie auf der **Beziehungsebene** miteinander umgehen. Dabei überschneiden sich die drei Ebenen und sie beeinflussen sich gegenseitig.

Häufig, besonders, wenn es Störungen in der Zusammenarbeit gibt, lohnt es sich die Aufmerksamkeit auf jede einzelne Ebene zu richten und sich zu fragen, wo das Problem wirklich liegt. So hat es z. B. keinen Sinn, ein Beziehungsproblem mit Argumenten auf der Sachebene lösen zu wollen. Und Menschen, die sich gut verstehen und gute Argumente haben, können sich manchmal schwer tun, ein Problem zu lösen, wenn es ihnen nicht gelingt, eine geeignete Vorgehensweise zu wählen und einzuhalten oder sinnvolle Hilfsmittel einzusetzen.

Sachebene
- *Was* wollen wir erreichen?
- Ebene der Themen- und Aufgabenbewältigung
- Ziele, Strategien, Maßnahmen
- Fragen, zusammenfassen, informieren, argumentieren

Geschäftsordnungsebene
- *Womit* kommen wir vorwärts?
- Regeln, Normen, Geschäftsordnung
- Wie gehen wir vor?
- Welche Hilfsmittel setzen wir ein?
- Wie organisieren wir unsere Arbeit?

Beziehungsebene
- *Wie* gehen wir miteinander um
- Wertschätzung, Vertrauen, Offenheit, Ehrlichkeit, Abwertung, Misstrauen, Angst, Manipulation usw. bestimmen diese Ebene
- Wie fühle ich gegenüber den anderen?

7.3. Rollenstrukturen in Gruppen

Gruppenmitglieder und Führungskräfte stellen, ob sie wollen oder nicht, füreinander Assoziations- und Projektionsflächen dar. Schon nach kurzer Zeit entwickeln die Gruppenmitglieder Erwartungen aneinander und zeigen ein Rollenverhalten, das maßgeblich von früheren Erfahrungen mitbestimmt wird. So werden die Rollen "Vater, Mutter, Kind" auch im Betrieb in immer neuen Variationen gespielt. Macht man sich das bewusst, kann man mit dem geeigneten Umgangsstil das Aufgeben nicht mehr entwicklungs-gemäßer Verhaltensmuster und das Hineinwachsen in neue Rollen fördern.

Einerseits unterstützt es die Gruppe natürlich, wenn jeder weiß, woran er mit dem Gegenüber ist. Andererseits führt die Spezialisierung auf Rollen dazu, dass bestimmte Verhaltensweisen nur von einzelnen Rolleninhabern praktiziert und erlernt werden. Potenziell vorhandene Anlagen der anderen kommen dann nicht zur Entfaltung.

7.4. Besondere Rollen in Teams

Führungskraft 1 (Vater)
Meist gibt es eine Führungskraft, die hauptsächlich aufgabenorientierte Verhaltensweisen praktiziert, wie z. B.:

- Koordinieren und Zusammenfassen
- Verfahren vorschlagen
- Ziele setzen
- Standpunkte austauschen

Die Mitarbeiter erkennen solche Verhaltensweisen als Tüchtigkeit an. Ziemlich schnell kann sich dieses Image in das des "Strebers und Antreibers" umwandeln. Man verübelt der Führungskraft, dass sie keine Zeit hat für die Probleme der Gruppe und der Einzelnen.

Führungskraft 2 (Mutter)
Oft gibt es in einem Team auch eine informelle Führungsperson, die Erhaltungsrollen wahrnimmt. Diese drückt eigene Gefühle aus und ermuntert damit andere, das gleiche zu tun. Sie reduziert Spannungen durch Humor. Sie unterstützt die Gruppe, indem sie für offene, direkte Kommunikation und niederlagenlose Konfliktbewältigung eintritt.

Sündenbock
Fast in jeder Gruppe findet sich ein so genannter Sündenbock, der als Blitzableiter für alle Dinge dient, die "falsch" gemacht wurden. Gegen ihn wird von oben kommender Druck weitergegeben.

Fachliche Berater/Spezialisten
Sie sind der Führungskraft gegenüber oft in Intelligenz und Wissen überlegen, haben aber nicht deren Durchsetzungsvermögen, Führungswillen und Engagement.

7.5. Fragebogen zur Analyse einer Teamarbeit

a) *Struktur*
- Wie geht die Gruppe an die gestellte Aufgabe heran?
- Welche Verhaltensregeln entstehen?
- Wie werden Entscheidungen getroffen?
- Welche Normen, Standards und Gewohnheiten sind zu erkennen?
- Bilden sich Untergruppen? Wie kommt es dazu?
- Welches Leistungsverhalten können Sie feststellen?

b) *Gruppenklima*
- Wie ist die Stimmung in der Gruppe?
- Inwieweit bleibt die Gruppe auf einer sachlichen Kommunikationsebene?
- Werden Gefühle ausgedrückt und akzeptiert?
- Haben alle Gruppenmitglieder ausreichend Gelegenheit ihre Beiträge zu leisten?
- Wie gehen die Mitglieder mit eigenen und fremden Gefühlen um?
- Welche nonverbalen Signale (Körperhaltung, Gesten...) zeigen Wechsel im Klima an?
- Wie wird durch die Sprechweise (Klang der Stimme...) die Stimmung deutlich?
- Gibt es Spannungen und Konflikte in der Gruppe, die eine gemeinsame Lösung der Aufgabe erschweren oder behindern?

c) *Unterstützung*
- Wie beeinflussen die einzelnen Teilnehmer die Entwicklung der Gruppe?
- Welche hilfreichen Verhaltensweisen können Sie beobachten (z. B. Ansprechen schweigender Mitglieder, aktives Zuhören...)?
- Was tut die Gruppe, um die isolierten Mitglieder wieder aufzunehmen?
- Welche Gruppenmitglieder kümmern sich auch um die anderen Kollegen, indem sie z. B. das Erreichte feststellen, den Standort der Arbeit anzeigen, anderen Teilnehmern helfen usw.?

d) *Störungen*
- Welche Verhaltensweisen stören die Aufgabe der Gruppe (Unterbrechen, Dominieren, Rückzug, Passivität, Ironie)?
- Gibt es Konkurrenz?

- Welche besonderen Konflikte sind spürbar?
- Was wird aus den Konflikten gemacht? Fördern oder hindern sie die Gruppenarbeit?
- In wieweit sind Widersprüche zwischen dem, was in der Gruppe gesprochen wurde, und dem Gruppenverhalten vorhanden?

e) *Kooperation*
- Wie werden die einzelnen Beiträge zusammen geordnet?
- Welche Verhaltensweisen führen zu Zustimmung?
- Welche Scheinkompromisse werden geschlossen?

7.6. Übungen für Teamentwicklung

Unser Team stellt sich vor

Die nachfolgenden Fragen können von mehreren zusammen, aber auch von einzelnen zur Vorbereitung einer Teamentwicklung beantwortet werden.

- Unsere Mitglieder sind ...
- Unser Teamsymbol bedeutet ...
- Unser Arbeitsmotto ...
- So sieht unser Teamgeist aus und das sagt er zu dieser Teamentwicklung ...
- Wenn wir uns mit einem Theaterstück, Kinofilm, Buch etc. vergleichen, heißt unser Stück...?
- Was wir als Team bis morgen erreicht haben wollen...
- Was wir bereit sind hier einzusetzen...

7.7. Feedbackvariation: Klatsch und Tratsch

Zwei Personen setzen sich so hin, dass sie sich gut verstehen und sehen können. Der Feedbacknehmer, setzt sich so hinter die beiden Feedbackgeber, dass er sie gut verstehen kann. Die beiden Feedbackgeber unterhalten sich nun über die dritte Person im Sinn von Klatsch und Tratsch, als wenn diese nicht dabei wäre. Dabei können sowohl positive als auch negative Aspekte angesprochen werden.

8. KONFLIKT-MANAGEMENT

8.1. Die Triade – oder: Konflikte sind unvermeidbar

Wahrscheinlich war es Virgina Satir, die das Phänomen der Triade in die Welt hinaus rief, "das ist es seit Adam und Eva" (die dritte "Instanz" war übrigens damals die Schlange.)

Die "Triade" oder: nur einen Tag ohne Neid und Missgunst!

Die menschliche Gesellschaft gliedert sich quantitativ in:

Monade	=	jedes einzelne Individuum
Dyade	=	Zweiergruppe
Triade	=	Dreiergruppe

Jede größere Gruppe spaltet sich in diese Bestandteile auf. Hat man beispielsweise eine Vierergruppe, kann man diese sehen als:

- vier Monaden
- zwei Dyaden
- eine Monade und eine Triade
- zwei Monaden und eine Dyade

Harmonisch gelten dabei nur die Monaden und die Dyaden.

Monade: ein Individuum kennt seine Bedürfnisse und kann sich alleine darum kümmern, diese zu befriedigen.

Dyade: z. B. in der Liebesbeziehung: ein Paar versucht, auf die Bedürfnisse des Partners einzugehen, kann sich voll und ganz dem anderen widmen, wird durch keinen

"Störfaktor" abgelenkt. Die Beteiligten fühlen sich gleichwertig.

Jedoch trägt auch die Monade und damit das Individuum schon ein großes Konfliktpotential mit sich herum, wie wir wissen. So können wir uns "fantastisch" vor uns hin ärgern oder depressiv sein.

Auch die Dyade als Zweiergruppe birgt genug Konfliktpotential, Streitigkeiten in privaten Beziehungen sprechen Bände, eine Scheidungsquote von knapp über 50 % nicht weniger.

(Quelle Scheidungsquote: www.efg-hohenstaufenstr.de)

Wie soll es da bei Dreiergruppen gehen, die ja die größte "kleine" Gruppe ist, sagen jedenfalls die meisten Soziologen?

Anders als in der Geometrie, in der das gleichschenkelige Dreieck sehr harmonisch wirkt, ist die "Dreiecksbeziehung" unter Menschen stets Konflikt geladen. Eine Triade führt zwangsläufig zu Missstimmung unter den Beteiligten, da keine gleichwertige Zuwendung unter den drei Personen möglich ist. Dies führt zu Neid, Eifersucht und Minderwertigkeitsgefühlen.

Schon ein Gespräch in einer Dreiergruppe kann schwierig sein, wenn beispielsweise zwei Gesprächspartner dieselbe Meinung haben und der Dritte einen anderen Standpunkt vertritt – so fühlt sich der Dritte unter Umständen unverstanden und zurückgestoßen.

Es gilt: Gefühle sind schneller als der Verstand – selbst wenn jede Vernunft gegen diese Neidgefühle spricht, entsteht bei einem oder mehreren Mitgliedern der Triade das Gefühl, nicht dazuzugehören.

Das Phänomen der Triade stellt einen wesentlichen Bestandteil in der Entwicklung des Kindes dar. Ein neugeborener Säugling erlebt zunächst eine Dyade – eine symbiotische Beziehung zu seiner Mutter. Die Mutter ist hauptsächlich für ihn da, ernährt ihn, und ist ihm zwangsläufig vertrauter durch die Bindung im Mutterleib. Das Kind kennt beispielsweise schon die Stimme der Mutter, wenn es auf die Welt kommt. Nun erkennt das Kind nach und nach die Rolle des Vaters – er wird als Vorbild erlebt und spendet Sicherheit und Schutz. Mit ihm kann das Kind sich identifizieren und so wird es zum ersten Mal Teil einer triadischen Sozialbeziehung. Es erfährt selbst, dass es manchmal nicht im Mittelpunkt steht, wenn sich die Eltern etwas Wichtiges zu erzählen haben, und dass manchmal auch die Beziehung zur Mutter, manchmal die Beziehung zum Vater stärker ist.

Eine Triade ist kein starres Gebilde sondern ist sehr variabel. Die Konfliktherde sind immer da, aber sie verlagern sich durchaus.

8.2. Eisbergmodell

Jeder Mensch ist wie ein Eisberg. Der größte Teil des Berges befindet sich unter Wasser, ist also für unser Gegenüber unsichtbar (Gefühle, etc.). So passiert es leider allzu leicht, dass wir mit einem anderen (unter Wasser) zusammenstoßen, ohne es zu merken. Da ist es dann die Aufgabe eines Mediators, in das Innere des Eisbergs einzudringen und die Bedürfnisse der Beteiligten zu erfahren.

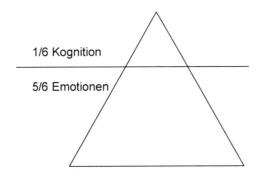

Kommunikation beinhaltet immer einen rationalen und einen emotionalen Teil. Wenn man dies anhand eines Modells erklären will, bietet sich das Bild des Eisbergs an.

Eisberge haben, das weiß man spätestens seit der Erfahrung mit der Titanic, die unangenehme Eigenschaft, dass das, was man sieht, nur gerade etwa 1/6 der ganzen Masse ausmacht. Wenn man sich nicht bewusst macht, dass weitere 5/6 unter dem Wasserspiegel drohen und entsprechend darauf reagiert, wird man "untergehen".

Das sichtbare 1/6 des Eisbergs kann man mit dem rationalen Inhalt der Kommunikation gleichsetzen (also Inhalt, Strukturen, Prozesse, Strategien). Das, was im Verborgenen bleibt, also der sehr viel größere Anteil von 5/6, macht den emotionalen Inhalt (Sympathie, Überzeugungen, Gefühle, Werte, Vertrauen, Beziehungen) der Kommunikation aus.

Vernachlässigt man bei der Kommunikation den sehr viel größeren, emotionalen Anteil, so sind die Missverständnisse und damit oft auch das Scheitern der der Kommunikation vorprogrammiert.

Die Frage für den Manager, Coach oder Berater ist dann natürlich die, wie er an diese verborgenen 5/6 herankommt. Doch bereits wenn man beginnt, sich diese Frage zu stellen, ist der wichtigste Schritt des Annäherungsprozesses getan: "Ich habe begonnen, diese 5/6 meines Gegenübers ernst zu nehmen und bin mir bewusst geworden, dass ich darauf zumindest eingehen muss, wenn ich Erfolg haben will." Der Rest besteht zu einem ganz großen Teil aus aktivem Zuhören.

8.3. Kommunikation der Konfliktbewältigung

Wie so oft ist die Strategie von besonderer Wichtigkeit. Die erste Frage lautet deshalb: besteht überhaupt Aussicht auf Erfolg.
Wenn diese Frage mit "Ja" zu beantworten ist, muss man sich hüten, selbsternannter Friedensengel zu sein, insofern ist die Frage nach der Autorität, die man hat, oder die der Hierarchie zu beantworten.

Es muss ein eindeutig zu definierender Grund für ein Konfliktgespräch vorliegen! "Ich sehe schon seit langem schwarze Wolken am Firmament" reicht für ein ernsthaftes Gespräch nicht aus.

Als erfolgreich hat sich erwiesen, mehrere Termine zu vereinbaren, statt der "berühmten" Generalaussprache. Das step-by-step Vorgehen hat aus Clienting Sicht den Vorteil, dass sich alle Beteiligten als "ganze" Menschen kennen lernen können.

Die Phasen eines guten Clienting-Gesprächs werden auch hier eingehalten:
Kontaktphase -> Informationsphase -> Auseinandersetzungsphase -> Commitment -> "last curtain-Phase.

Auch hier dient die Informationsphase dazu, den Sinn von Clienting-Regeln für menschliches Beziehungsmiteinander klarzustellen. Es geht weit über das hinaus; was der Begriff Fairness bedeutet, es geht um die Einsicht menschlichen Miteinanders, die nur nach dem "kategorischen Imperativ" nach I. Kant möglich ist und dem sich von der UN-Charta bis zu allen bedeutenden Verfassungen alle freiwillig unterworfen haben.

Dass in dieser Phase Zeit-, Themen- und Vorgehensfragen zu beantworten sind, erscheint in diesem Lichte lediglich notwendig. Es müssen Antworten gegeben werden, Ver-<u>Antwort</u>-ung gezeigt werden!

8.4. Konflikte und ihre Nutzen

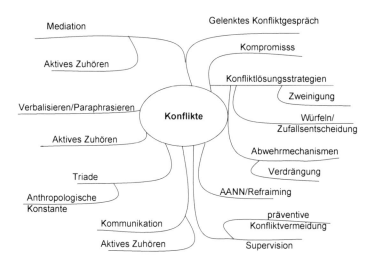

Wünsche, Erwartungen, Ziele, Wissen, Problemlösungsstrategien, Lernfähigkeit usw. unterscheiden sich bei den Menschen so stark, dass Konflikte vorprogrammiert sind. Kurioserweise sind die Menschen über Konflikte erstaunt und leiden unter ihrem Auftreten statt ihre klarstellende Wirkung zu nutzen.

Sind Konflikte vorhanden, sollten Sie diese aufsuchen und ihnen begegnen. Vermeiden Sie eine "Friedhofsruhe" und sprechen Sie den Konflikt unbedingt an, denn oft ist ein Konflikt die "Spitze des Eisbergs" (vgl.: Eisbergtheorie), weckt Interessen, ist Indikator für Probleme und beschleunigt den Fortschritt der Persönlichkeitsentwicklung sowie gesetzlicher und gesellschaftlicher Formen. Der Konflikt ist ein Katalysator für "neue Lösungen".

8.5. Konfliktlösungsmethoden

Es gibt verschiedene Möglichkeiten, Konflikte zu lösen. Besteht der Konflikt beispielsweise darin, zu entscheiden, welche nächste Weiterbildung besucht wird, kann dieser auf verschiedene Arten gelöst werden:

Dritter entscheidet
In diesem Fall wird eine dritte Person, die an dem Konflikt nicht beteiligt ist, zu Rate gezogen. Vorher einigt man sich darauf, dass man die Entscheidung des Dritten annimmt – egal wie sie ausfällt. Ein Kollege oder Mitarbeiter kann dann beispielsweise entscheiden, dass zuerst die Sprachkurse stattfinden.

Würfeln
Es wird um die Entscheidung gewürfelt. Auch hier wird die Entscheidung durch den Würfel (z. B. 1 - 2 - 3 steht für Sprachkurse, 4 - 5 - 6 für EDV-Weiterbildung) bedingungslos akzeptiert.

Kompromiss
Hier versuchen die an dem Konflikt beteiligten Personen eine Lösung zu finden, die für beide Seiten akzeptabel ist. Herr X möchte den Kurs in München, Frau Y möchte den Kurs in Frankfurt. Kompromiss: Beide besuchen ihren Kurs in Darmstadt (die Mitte ist es selten).

Zweinigung (Reihenfolge)
Bei der Zweinigung werden beide Vorschläge nacheinander durchgeführt. In unserem Beispiel würde man dann in einem Jahr an Sprachkursen und im nächsten Jahr an EDV-Kursen teilnehmen.

Neuer kreativer Vorschlag durch die Harvard-Methode

Bei der Harvard- Methode erläutert jeder Betroffene seinen Standpunkt und legt seine Interessenssphäre dar. Beide Interessenssphären werden nun verglichen und dann werden die damit verbundenen Wünsche/Ziele besprochen. Es findet ein ständiger Austausch über die Standpunkte statt, bis man zu einer gemeinsamen Lösung findet.

Hierbei wird eine neue, dritte Möglichkeit gesucht, mit der beide Parteien einverstanden sind: z. B. es wird weder an einem Sprachkurs noch an einem EDV-Kurs teilgenommen, stattdessen wird der Vorschlag gemacht, eine Produktschulung durchzuführen.

Mediation

Ein unbeteiligter Mediator wird eingesetzt, der den Standpunkt von X und den Standpunkt von Y jeweils paraphrasiert und mit aktivem Zuhören die Meinungen wiedergibt. Er lenkt das Gespräch und fungiert somit als Schlichter zwischen den beiden Parteien.

8.6. Konfliktursache

Die meisten Menschen lieben Konflikte nicht und gehen ihnen am liebsten aus dem Weg. Es hilft jedoch alles Verdrängen nicht, Konflikte sind geradezu mit dem Menschsein gegeben und unvermeidlich.

Mögliche Konfliktursachen im betrieblichen und menschlichen Miteinander sind u. a.:

- Demokratisierung
- Sich verändernde Märkte
- Sich auflösende Hierarchien

- Verstärkter Individualismus
- Arbeit in Teams
- Sich auflösende oder in Frage gestellte Machtstrukturen
- Leistungsdruck
- Konkurrenz

8.7. Konflikttypen

Beurteilungs-Konflikte

Für viele ist der erste Eindruck entscheidend, für andere ist die Reihenfolge der Informationen zur Beurteilung unbedeutend und wieder andere sehen die Chance des zweiten Eindrucks.

Bewertungs-Konflikte

Die Menschen in ihren vielen unterschiedlichen Kulturen und Kulturkreisen haben so unterschiedliche Werte, Ziele und Verhaltensregeln, dass die Chance Konflikte zu haben groß ist.

Verteilungs-Konflikte

Die Zeit der Verteilungskonflikte ist in vielen Regionen der Welt noch lange nicht vorbei. "Der Kuchen kann nur einmal verteilt werden!"

8.8. Konfliktformen

Neben unechten und echten Konflikten spricht man auch von latenten und offenen Konflikten. Die, welche unter der Oberfläche köcheln, nennt man latente Konflikte.

Es ist Ihnen trotz Ärger die offene Aussprache nicht wert, erst wenn es ein wiederholtes Mal vorkommt, machen Sie aus dem latenten einen offenen Konflikt.

Die Konfliktforschung hat uns um ein weiteres Begriffspaar bereichert: heißer und kalter Konflikt. Verlieren Menschen den Glauben, auf konstruktive Weise Ziele zu erreichen, verleugnen ihre Emotionen hinsichtlich der Wichtigkeit, die sie diesen Zielen zumessen, blockieren aus Frust die Durchführung und leugnen die Verantwortung für diese Verhaltensweisen, dann spricht man von kalten Konflikten.

8.9. Seelische Abwehrmechanismen

Widerstand
Die menschliche Psyche hat die Tendenz, einmal verdrängte, seelische Impulse nicht ins Bewusstsein kommen zu lassen. Der Abwehrmechanismus "Widerstand" versucht also, eine erneute Aktualisierung eines verdrängten Konfliktes nicht ins Bewusstsein treten zu lassen und damit das Wiederauftreten von Angst zu vermeiden.

Im Schlaf sind die Abwehrmechanismen der Seele weniger aufmerksam und damit auch der Abwehrmechanismus "Widerstand", der wie eine Zensur wirkt, abgeschwächt.

Verleugnung
Um einen Konflikt nicht ins Bewusstsein kommen zu lassen, wird dieser nicht wahrgenommen. Im Alltag werden Konflikte gerne wegdiskutiert. "Vogel-Strauß-Politik"

Rationalisierung
Die Rationalisierung als Abwehrmechanismus will "ungeliebte" emotionale Vorgänge durch Verallgemeinerung "entschärfen" (persönliche Defizite, Fehlverhalten). Beispiel: "Gut, dass ich im Stau stand, da konnte ich deinen Brief endlich lesen."

Isolierung
Der seelische Abwehrmechanismus "Isolierung" hat den Sinn, ein Erlebnis zwar in Erinnerung rufen zu können, durch die Entblößung vom Affekt jedoch erträglich zu machen.

Wendung ins Gegenteil
Die "Wendung ins Gegenteil" ist eine Reaktion auf ein als nicht erlaubt empfundenes Gefühl, wie z. B. Hass auf eine zu liebende Person. Daraus kann eine Reaktionsbildung erfolgen, d. h. aus Hass bildet sich Überfürsorglichkeit. Nicht erlaubte Gefühle werden durch erträgliche ersetzt.

Projektion
Der seelische Abwehrmechanismus "Projektion" lässt durch unbewusstes Verlagern der unerträglichen Gedanken oder Gefühle auf den anderen Menschen, diese ertragbar erscheinen.

Introjektion

Die Introjektion ist das Verinnerlichen von Werten und Normen anderer Personen oder Personengruppen - ein Erlebnis der Identifikation.

Merke:

- Konflikte sind Medium für das Auffinden von Problemen und Finden von Lösungen.
- Konflikte verhindern den Stillstand.
- Konflikte regen die Neugierde auf "Neues" an.
- Konflikte sind der Ursprung persönlicher und gemeinschaftlicher Veränderungen.

9. COACHING

Coach kommt aus dem Englischen und bedeutet eine Kutsche fahren, lenken bzw. führen. In den 60er Jahren wurde der Begriff in den Sport übernommen und um die Bedeutung trainieren "erweitert". Ein guter Trainer oder Coach zeichnet sich dadurch aus, die individuellen Fähigkeiten seiner Spieler zu erkennen und systematisch so zu fördern, dass diese ihre Fähigkeiten wirksam und effektiv für das vorgegebene Endziel einsetzen können.

Für einen Manager bedeutet dies, die Differenz zwischen dem gegenwärtigen und dem erwarteten Leistungsstand eines einzelnen Mitarbeiters bzw. einer Gruppe zu minimieren. Coaching ist also die Fertigkeit, die Leistung anderer zu steigern.

Es ist schon ein Kreuz mit den Fachbegriffen, die aus dem Englischen ins Deutsche wandern. Allzu viele verändern bei Überschreiten der Sprachgrenzen nicht nur die Aussprache, sondern gleich auch die Bedeutung. Ein "Coach" ist in einem dieser vielen Bedeutungen ein Mensch, der einen anderen dazu bringt, sich in einer bestimmten Weise zu verhalten, etwas Bestimmtes zu leisten - und zwar unmittelbar, in "Echtzeit" sozusagen.

Der "Trainer" als Weiterbildner gibt sein Wissen gleichsam "auf Vorrat" weiter. Er handelt wie der Lehrer im Unterricht oder der Dozent im Seminar, er bildet seine "Trainees" für die Zukunft. Er vermittelt Lösungen für Probleme, die - mit hoher Wahrscheinlichkeit, aber nicht unbedingt - in der beruflichen Zukunft auf seine Studierenden zukommen werden.

Das macht die Motivation der Lerngruppe oft schwierig. Der "Coach" hingegen in seiner anderen Bedeutung bildet durch Beratung bei aktuellen Problemen. Er gibt sein Wissen, gelegentlich auch seine Einstellung, gleichsam nach Bedarf weiter.

Motivation und Akzeptanz bieten keine großen Probleme. Das Entscheidende ist die Qualität der Kommunikation. Ihr Einfluss unterscheidet den sachverständigen Berater vom verständnisvollen Coach. Jener kümmert sich um die Probleme der Menschen im Betrieb, der andere um den Menschen an sich als "Problem". Der ganzheitliche Coach berücksichtigt beide Dimensionen.

9.1. Das Coaching-Gespräch

Das Coachinggespräch hat einen vorgegebenen Ablauf, der den Coach bei der Führung des Gesprächs unterstützen soll. Allgemein gibt es zu einem Coachinggespräch Folgendes zu sagen:

Während eines Coachinggespräches, egal in welcher Gesprächsphase, besteht die Aufgabe des Coaches darin, die Aussagen des Coachee zu paraphrasieren und zu verbalisieren. Es ist wichtig, dass der Coach die Kernaussagen des Coachees gedanklich erfasst, um die Emotionen des Coachees zu erfahren. Wie Sie bereits in der Abhandlung des Themas "Fragen" erfahren haben, können Fragen sehr bohrend und unangenehm sein. Aus diesem Grund sollte der Coach den Einsatz der Paraphrase und der Verbalisation beherrschen und das "Fragen stellen" vermeiden. Das Ziel in diesem Gespräch besteht darin, beim Coachee "einen Mangel" oder "ein Problem" in einem der grundlegenden

Lebensfelder – Ich-Du-Beziehung; Beruf und dessen Optimierung; Sinn- und Gemeinschaftsfrage - zu erkennen.

Dies ist eine schwierige Aufgabe und der Coach sollte dem Coachee unbedingt die ungeteilte Aufmerksamkeit schenken. Der Coach muss sich ausschließlich auf das Gespräch konzentrieren. Ist er abgelenkt, so merkt der Coachee dies, er wird sich verschließen und das Gespräch wird voraussichtlich nicht positiv und erfolgreich verlaufen.

Arbeiten Sie mit viel Übungen, dass steigert den Zuwachs an Wissen und vermeiden Sie Ratschläge. Ein Ratschlag zählt zu den Todsünden der Kommunikation und verursacht ggf. eine seelische Verletzung.

Der Coach sollte vor einem Gespräch kein "Schema" im Kopf haben, wie das Gespräch seiner Meinung nach verlaufen soll. Er soll den Coachee dort abholen, wo er steht. Ist das vorangegangene Gespräch auf eine bestimmte Art verlaufen und hat mit einem bestimmten Fazit für den Coachee geendet, so sollten Sie als Coach nie voraussetzen, dass Sie an genau dieser Stelle weiterarbeiten können. Der Coachee kann am Tag des folgenden Termins etwas erlebt haben, was seine Gedanken in eine völlig andere Richtung lenkt und somit an einer ganz anderen Stelle stehen, als noch vor ein paar Tagen. An dieser Stelle muss er vom Coach "abgeholt" werden, damit ein erfolgreiches Gespräch stattfinden kann.

Denken Sie immer daran, dass Sie nicht mit Maschinen sondern mit Menschen zusammenarbeiten. Das macht die Arbeit schwierig aber auch sehr interessant und vielseitig. Das setzt von Ihnen als Coach ein gewisses

Maß an Flexibilität voraus. Seien Sie nicht unvorbereitet, aber planen Sie ein Coachinggespräch nie minutiös.

Ein Coachinggespräch kann in folgendes vier-Phasenmodel unterteilt werden:

(im Anschluss an König/Volmer 2000, 56 ff.)

Orientierungsphase
in der es darum geht, eine positive Beziehung zwischen Coach und Coachee zu etablieren sowie Thema und Ziel für das Gespräch festzulegen.

Klärungsphase
in der es um die Klärung der Ist-Situation geht.

Veränderungsphase
in der das nächste Teilziel festgelegt sowie verschiedene Lösungsmöglichkeiten gesammelt und bewertet werden.

Abschlussphase
in der das Ergebnis festgemacht und die nächsten Schritte geplant werden.

Im Folgenden möchte wir die einzelnen Phasen näher erläutern und stützen uns dabei auf die Literatur Eckard König und Gerda Volmer; Systemisches Coaching; Handbuch für Führungskräfte, Berater und Trainer.

9.1.1. Die Orientierungsphase

Besonders wichtig zu Beginn eines Coachingprozesses ist das Erstgespräch, in dem die Rahmenbedingungen zwischen Coach und Coachee festgelegt werden. Das Erstgespräch besteht in der Regel aus der Orientierungsphase.

Die Orientierungsphase ist ähnlich wie die Kontaktphase eines Verkaufsgespräches und daraus leiten sich ähnliche Aufgaben ab, wie z. B. sich gedanklich auf den Klienten einzustellen. Da der Coach den Klienten vom Erstgespräch kennt, kann er sich diese Eindrücke gedanklich zurückholen.

Er muss sich ganz auf die Rolle einstellen, die er mit der Sitzung übernimmt und sich klar darüber sein, dass er mental ganzheitlich dabei sein muss. Ist er das nicht, dann spürt das der Coachee und die zwischenmenschliche Beziehung ist gestört. Der Coach sollte sich auch darauf einstellen, dass es seine Aufgabe ist, dem Coachee "Hilfe zur Selbsthilfe" zu leisten und keine Lösungen vorzugeben.

Der Raum, in dem das Gespräch geführt wird, muss vorbereitet werden. Es ist auf jeden Fall darauf zu achten, dass das Gespräch nicht gestört wird, z. B. durch Telefon oder durch Mitarbeiter, die in den Raum eintreten. Der Coach sollte in einem 90° Winkel zum Coachee sitzen, so dass sie sich nicht frontal gegenüber sitzen und dennoch Blickkontakt gewährleistet ist. Auch in einem Coachinggespräch mit mehreren Coachees sollte der Coach zu jedem Blickkontakt haben.

Es ist wichtig, emotionale Nähe zum Coachee aufzubauen. Er muss sich in dieser Situation wohl fühlen und das Vertrauen entwickeln, sich zu öffnen. Das ist unserer Meinung nach die wichtigste Aufgabe in der Orientierungsphase. Das Gesprächsklima so zu schaffen, dass sich beide wohl fühlen und der eigentlichen Sitzung nichts mehr im Wege steht. Hierzu gibt es auch Techniken wie z. B. das "Pacing", auch Spiegeln genannt aus dem NLP (Neurolinguistisches Programmieren), aber hierauf möchten wir nicht näher eingehen.

Jetzt sollte mit dem Coachee das zu bearbeitende Thema und das sich daraus ergebende Ziel erörtert werden. Dies kann man mit direkten, offenen Fragen klären.

Zum Schluss der Orientierungsphase muss die Rolle anderer Beteiligter, wenn es welche gibt, geklärt werden.

9.1.2. Die Klärungsphase

In der Klärungsphase ist es die Aufgabe des Coaches, die Situation des Coachee zu klären. Der Coachee schildert die Situation und versucht, sie sich verständlich zu machen. Es ist wichtig, dass der Coachee diese Situation verinnerlicht und es ist nicht unbedingt erforderlich, dass der Coach die Situation versteht.

Es gibt drei Bereiche, die beleuchtet werden können:

- die Gegenwart
- die Vergangenheit
- die Zukunft, oder was sich aus der jetzigen Situation ergibt

In dieser Phase arbeitet der Coach mit offenen Fragen, den so genannten Prozessfragen.

Aus den Antworten des Coachees ergeben sich bestimmte Aufgaben für den Coach. Es gibt die Phase, in der der Coachee lange erzählt. In dieser Phase ist es wichtig, dem Coachee sehr genau zuzuhören und wichtige Punkte oder Fragen zu notieren, um später daran arbeiten zu können. Um diese offenen Punkte oder Fragen genauer zu beleuchten, kann der Coach fokussieren. Das bedeutet, dass der Coach eine bestimmte Situation herausgreift und dahingehende Fragen stellt, um diese genauer zu sehen. Er kann aber auch getilgte Informationen, das sind Informationen, die in einer Erzählung nicht oder ungenau erwähnt werden, erfragen. Ein Beispiel dazu könnte lauten: "Das neue Projekt läuft nicht so richtig".

Die Erfahrungen, die dahinter stehen wurden in diesem Satz getilgt und können durch Fragen, wie z. B. was genau veranlasst Sie zu sagen, dass es nicht richtig läuft? Was ist vorgefallen? erforscht werden. Das Tilgen stammt ebenfalls aus dem NLP (vergleiche hierzu Eckard König und Gerda Volmer; Systemisches Coaching).

Des Weiteren kann der Coach paraphrasieren, d. h. der Coach fasst Inhalte zusammen und gibt sie mit gleichen oder anderen Worten wieder oder/und er kann verbalisieren. Verbalisieren bedeutet, dass die Gefühle, die hinter einer Aussage stecken in Worte gefasst und ausgedrückt werden. So kann der Coachee entweder zustimmen und der Coach weiß, dass er ihn richtig verstanden hat, oder er kann es verneinen und seine wahren Gefühle äußern.

Ein Beispiel für Expertenberatung kann sein, dass der Coach dem Coachee ein Feedback über eine Situation gibt, in der der Coachee vom Coach begleitet wurde. Zu beachten ist, dass beim Feedbackgeben die Feedback-Regeln beachtet werden müssen.

9.1.3. Die Veränderungsphase

In der Veränderungsphase sollte der Coachee neue Lösungsmöglichkeiten finden. Ausgehend von seinem Ziel, das er in der Orientierungsphase genannt hat, ergeben sich Teilziele, die auf dem Weg zu seinem eigentlichen Ziel erreicht werden müssen. Um bisherige Lösungsversuche nicht wieder auszuprobieren, ist es hilfreich, diese zu erfragen, damit man nicht wieder den gleichen Weg geht. Demnach sollte der Coachee versuchen, neue Lösungswege zu finden. Dies kann er z. B. in Form des Brainstormings tun. In der Prozessberatung muss der Coach darauf achten, dass der Coachee seine Lösungswege selbst findet, wohingegen in der Expertenberatung der Coach ebenfalls Vorschläge unterbreiten kann und muss. Dies muss aber im Vorfeld abgestimmt sein. Nach dem Sammeln der Vorschläge werden diese bewertet. Dies unterteilt sich wieder in zwei Bereiche. In der Prozessberatung gibt nur der Coachee Anregungen und bewertet seine Vorschläge, in der Expertenberatung gibt auch der Coach Anregungen und Bewertungen. Der Abschluss und die Auswahl des für den Coachee richtigen Lösungsweges muss vom Coachee selbst getroffen werden.

9.1.4. Die Abschlussphase

In der Abschlussphase fasst der Coachee sein Ergebnis für sich selbst zusammen und hält es fest. Was hat er für sich als Ergebnis mitgenommen oder, wenn er zu keinem Ergebnis gekommen ist, was bedeutet dies für ihn. Danach wird vereinbart wie der Coachee während der nächsten Schritte vorgeht oder welche Aufgaben er vom Coach bis zur nächsten Sitzung gestellt bekommt.

10. NLP – NEURO-LINGUISTISCHES PROGRAMMIEREN

Das Neuro-Linguistische Programmieren (NLP) gilt als bedeutsames Konzept für Kommunikation und Veränderung, das heute ganz besonders von den Menschen erfragt und genutzt wird, die beruflich mit Kommunikation zu tun haben.

Robert Dilts, einer der wichtigsten Entwickler des NLP, beschreibt NLP als ein "... Verhaltensmodell und ein System klar definierter Fähigkeiten und Techniken, das von John Grinder und Richard Bandler im Jahre 1975 begründet wurde. NLP wird definiert als die Struktur der subjektiven Erfahrung. NLP untersucht die Muster oder die »Programmierung«, die durch die Interaktion zwischen dem Gehirn (Neuro), der Sprache (Linguistik) und dem Körper kreiert wird, und die sowohl effektives als auch ineffektives Verhalten produzieren können. Die Fertigkeiten und Techniken des NLP entstanden durch Beobachtung der Muster im exzellenten Tun von Experten aus diversen Bereichen professioneller Kommunikation, unter anderem aus dem Bereich der Psychotherapie, der Wirtschaft, der Hypnose, des Rechtswesens und der Erziehung."

(aus www.nlp.de)

Wahrnehmungsfilter
Die Glaubenssätze, die durchgängig auf ein hoffnungsvolles Menschenbild verweisen, sind als nicht überprüfbare Grundannahmen, tragende Elemente des NLP. Als wichtigste Annahmen gelten nach einer Zusammenfassung von Thies Stahl:

- Geist und Körper sind Teile des gleichen kybernetischen Systems und beeinflussen sich wechselseitig.
- Viele Verhaltensmöglichkeiten sind wichtig, weil ein System immer von dem Element kontrolliert wird, das am flexibelsten ist.
- Ein Mensch funktioniert immer perfekt und trifft stets die beste Wahl auf der Grundlage der für ihn verfügbaren Informationen.
- Jedem Verhalten liegt eine positive Absicht zugrunde und es gibt zumindest einen Kontext, in dem es nützlich ist.
- Das Ergebnis von Kommunikation ist das Feedback, das der Einzelne bekommt; Fehler oder Versagen gibt es nicht.
- Kann ein Mensch lernen, etwas Bestimmtes zu tun, können es grundsätzlich alle Menschen.
- Menschen verfügen über alle Ressourcen, die sie brauchen, um eine von ihnen angestrebte Veränderung zu erreichen.

Aus der Kombination der ersten beiden Grundannahmen sind nach Robert Dilts alle Modelle und Techniken des NLP entstanden.

Die Grundannahmen werden von NLP nicht als Wahrheiten, sondern als nützlich apostrophiert. Sie können also auch verändert oder ergänzt werden. Schon von daher gelten sie auch nur als variable Bestandteile des NLP, deren Akzeptanz jedoch für die effektive Anwendung der NLP-Techniken stets (implizit) vorausgesetzt wird.

Es geht also darum, dass man sich seiner bewusst ist – "Denke, was DU willst."

Jeder hat es in der Hand, Regisseur seiner selbst zu sein. NLP beschreibt die Fähigkeit, sich selbst kontrollieren zu können – selbst zu entscheiden, wie man den "Rahmen" verändert, in dem das eigene Leben stattfindet (Reframing). Dies ist ein andauernder Prozess, der niemals endet!

11. HYPNOSE

Wie schlimm können sich die eigenen Gedanken auswirken?

Es war einmal ein Mann in Amerika, der wohnte an einer Überlandstraße und verdiente sich seinen Lebensunterhalt mit dem Verkauf von Hot Dogs am Straßenrand.

Seine Ohren waren nicht mehr so gut, darum hörte er nie Radio. Seine Augen waren nicht mehr so gut, darum las er nie Zeitung. Gut aber waren seine Hot Dogs, die er verkaufte, und er stellte Schilder an die Straße und rief: " Einen Hot Dog gefällig?"

Schließlich konnte er all die Bestellungen mit seinem kleinen Ofen nicht mehr ausführen. Er bat seinen Sohn, der am College studierte, um einen Rat, ob er in einen größeren Ofen investieren sollte.

Der Sohn sagte: "Vater, hast du es nicht im Radio gehört? Wir haben eine riesige Rezession! In Europa ist die Lage schlimm. In Amerika ist sie noch schlimmer. Alles geht vor die Hunde. Und du willst in solch einer Zeit noch investieren?"

Der Vater sagte zu sich selbst, da sein Sohn ja auf dem College sei, Zeitung lese und Radio höre: "Er wird es ja wohl besser wissen." Daraufhin erwarb er keinen größeren Ofen. Er stellte kein Reklameschild mehr auf und bestellte weniger Würstchen und Brötchen. Seine Stimmung war gedrückt, und im Gegensatz zu früher rief er nicht mehr laut: "Einen Hot Dog gefällig?"

In kurzer Zeit verschlechterte sich sein Geschäft. Der Umsatz ging mehr und mehr zurück. "Du hast Recht, mein Junge", sagte der Vater zum Sohn, "wir befinden uns wirklich in einer schrecklichen Rezession."

11.1. Hypnose des Alltags

Hypnose ist ein tägliches Erleben, ein natürlicher Zustand, den wir mehrmals am Tag erleben, ein intensiver Tagtraum, ein entspannter und gleichzeitig wacher Zustand. Hypnose ist ein veränderter Bewusstseinszustand.

Die Hypnose des Alltags, von der hier die Rede ist, stellt einen eingeengten aber subjektiv aktiven Zustand des Bewusstseins dar, bei dem die Erinnerungsfähigkeit voll erhalten ist.

Wir verändern im Zustand der Alltagshypnose die Qualität unserer Aufmerksamkeit. In diesem Zustand sind wir empfänglicher für Suggestionen.

Diese Empfänglichkeit für Suggestionen von außen, die Fremdhypnose, unterscheidet sich im Prinzip von der Selbsthypnose nur durch den Initiator der Suggestion. Wird die Suggestion nicht gebilligt, ist ihre Wirkung ausgeschlossen.

In der "Hypnose des Alltags", wie z. B. bei Verkaufs- oder Verhandlungsgesprächen empfehlen sich Hypnose-Methoden, die indirekt und ohne Widerstände zu erzeugen sind.

Durch ein Einstreuen von Suggestionen in das "normale" Gespräch, gelingt es, eine Wirkung zu erzielen, ohne bewusstseinskritische Überprüfungen hervorzurufen. Der Gesprächspartner fühlt sich nicht "hypnotisiert" (=fremdbestimmt) und ist es auch nicht.

Das Erzählen von Metaphern "verzaubert" den Gesprächspartner, führt ihn durch einen persönlichen Bezug in ein interessantes und spannendes inneres Erleben.

Hypnose ist also nicht das Szenario, das man aus Filmen kennt: eine Person liegt auf einer Liege, wird in einen Trancezustand versetzt und erinnert sich plötzlich an Dinge aus der frühen Kindheit, die nur durch den Einfluss des Hypnotiseurs zutage gefördert werden. Hypnose ist vielmehr die sanfte Manipulation der Gedanken und Wünsche des Hypnotisierten. Dies geschieht z. B. dadurch, dass man Geschichten erzählt, in die sich der zu Hypnotisierende hineinversetzen kann und indem man die Geschichten so konstruiert, dass sie immer einen bestimmten Ausgang haben, so dass der Hypnotisierte den Eindruck bekommt, es müsse immer so sein. Daraufhin kann man die Gedanken des zu

Hypnotisierenden gemächlich in eine bestimmte Richtung lenken.

Auch sich selbst kann man so hypnotisieren. Dies gelingt jedoch nur, wenn man selbst daran glaubt, dass man das schaffen kann, was man sich vornimmt (beispielsweise mit dem Rauchen aufzuhören).

11.2. Prinzipien der Hypnose

Die Prinzipien der Hypnose beruhen auf Techniken der Kommunikation, die als Kommunikationsmechanismen auch im Verkaufsgespräch, im Verhandlungsgespräch usw. angewendet werden.

Der Gesprächspartner wird in eine innere Vorstellungswelt geleitet, die von einer momentanen Situation wegführt, hin zu einem auf das von "uns" fokussierte Thema.

Diese Art der suggestiven Kommunikation beruht darauf, den Gesprächspartner erst auf seinem Weg des Wahrnehmens und Verstehens zu folgen und zu begleiten, um dann führende Elemente wirken zu lassen. Der Gesprächspartner fühlt sich angenommen, akzeptiert, respektiert [re-spektare = zurückschauen (auf Lebensleistung)] gewürdigt. So behandelt, akzeptiert das Gegenüber eine einsetzende Führung. Diese Beeinflussung wird vom Zuhörer höchstens unmerklich als Beeinflussungsversuch wahrgenommen, eine Zuwendung, die keine Widerstände aufbringt.

11.3. Hypnose als Auswirkung "unseres" eigenen Glaubens.

Der Hypnotiseur spielt – vielleicht zu seinem Leidwesen – nicht die Rolle des "Retters".

Die eigentliche "Arbeit" macht der Hypnotisierte, er versetzt sich selbst in Hypnose; er braucht den Hypnotiseur für die "Voraussetzung" der Hypnose. Dies dient der Vorstellungskraft, dass Hypnose bei ihm einsetzen kann.

Voraussetzung aller Hypnose ist vor allem bei der Selbsthypnose, dass man die Gedanken unter Kontrolle haben kann, dass man selbst die Macht über die Gedanken hat. Haben wir die Gedanken nicht unter Kontrolle, haben sie Macht über uns.

Gehen wir bewusst mit dieser Macht um, können wir gezielte Suggestion betreiben. Erziehen wir uns daran zu glauben, dass die Suggestion sich verwirklichen wird, glaubt man, dass man erreichen kann, was man will. Die Kunst der Suggestion ist es, die Vorstellungskraft der zu beeinflussenden Person zu treffen.

Die Selbsthypnose kann auch eingesetzt werden, um eine persönliche Veränderung herbeizuführen. Z. B.: "Ich werde morgens früher aufstehen."

Sie besprechen sich eine Kassette mit "Ich werde morgens früher aufstehen" und hören sich diese jeden Tag eine gewisse Zeit lang an. Morgens wenn der Wecker (früher als sonst) klingelt, sagen Sie sich, dass Sie fit, wach und ausgeschlafen sind. Durch diese Selbsthypnose können Sie es schaffen, morgens früher aufzustehen.

11.4. Die Suggestionen (seelische Beeinflussung)

Die Sprache des Unterbewusstseins ist die Bildersprache. Atem, einatmen ist in die Bildersprache übersetzt: frische Energie auftanken, diese Energie auf den Körper verteilen, in allen Teilen des Körpers spüren, erfüllt sein mit Kraft, Energie und Tatendrang. Das Ausatmen, ein Ausscheiden verbrauchter Energie, alles Schlechten und Verbrauchten, das Abwerfen von Ballast.

Dass vieles nicht logisch erscheint liegt daran, dass es *Psycho*-logisch ist. Das Perfekte des Bildes, nicht die Logik, hat den Effekt.

99 % Transpiration 1 % Inspiration oder die Wiederholung bringt's!

D. h. die häufige Wiederholung steigert die Wirkung der Suggestion.

Indirekte Suggestion hat den großen Vorteil, nicht so schnell wie die direkte Suggestion, vom Bewusstsein bemerkt und verworfen zu werden. So hat der Glaube an Placebos diese große Wirkung, d. h. der größte Feind der Suggestion ist der Zweifel.

Zweifellos kann nicht ohne Rücksicht auf den Kontext suggeriert werden, so kann sich ein Mensch der abends "todmüde" ist, kaum suggerieren "Ich bin frisch und fit", weil er es selbst nicht glaubt!

Das Schwanken zwischen positiven Gedanken und negativen Gedanken hinsichtlich eines Zieles, eben der besagte Zweifel, macht den Erfolg zunichte.

Suggestionen sollten, wenn eben überhaupt nötig, vollständig aufgehoben werden, wenn sonst ein "Schaden" entstehen könnte! Aber, warum soll man sich suggerieren, nach Puderzucker berauscht zu sein? Nimmt man es jedoch nicht zurück...

12. Anhang

12.1. Die Affen-Bananen-Dusche-Story

Für einen Versuch werden vier Affen aus einer Affensippe in einen Raum gebracht. Dieser Raum enthält einige Kletterstangen und genügend Material zum Herumprobieren, Spielen etc. Aber in der Mitte des Raumes befindet sich eine lange Stange (vom Boden bis zur Decke). Oben sehen die Affen mehrere wunderschöne Bananen. Was die vier Affen aber nicht sehen, ist ein Duschkopf, direkt unterhalb, der ihnen eine kalte Dusche verpassen wird, wenn sie sich den Bananen nähern wollen: extrem kaltes Wasser. Das haben sich die Versuchsleiter so ausgedacht.

Erster Akt: Nun, die Affen untersuchen zunächst ihr kleines Reich, entdecken natürlich die Bananen. Bald kommt, was kommen muss: Der erste Affe klettert die Stange hinauf. Auf halbem Wege erhält er die besagte eiskalte Dusche. Schreiend lässt er von den Bananen. Der zweite, dritte, vierte Affe probiert es auch. Jedes mal: eiskalte Dusche. Sie können es sich vorstellen. Bald geben sie auf, keiner berührt die Stange mehr. Sie hausen in diesem Raum, klettern, spielen etc., aber man könnte meinen, die Stange sei unsichtbar.

Zweiter Akt: Nun wird der Duschkopf "entschärft" (indem außerhalb des Raumes das Wasser abgestellt wird). Im Klartext: Ab jetzt besteht keine reale Gefahr mehr!

Dritter Akt: Jetzt tauschen die Versuchsleiter einen dieser Affen gegen einen ihrer Freunde aus der Affensippe von draußen aus. Der noch "naive" Neuzugang sieht die Bananen und will natürlich die Stange hinauf klettern, aber nun geschieht es: Die anderen reißen ihn herunter, noch ehe er die kalte Dusche erleiden müsste. Die Tatsache, dass es keine kalte Dusche mehr geben kann, macht die Sache (aus der Sicht der Versuchsleiter) besonders pikant. Aber aus der Sicht der Affen ist es völlig schlüssig, denn sie brauchen sich nicht mehrmals zu verletzen, um ihre Lektionen zu lernen. Somit lernt der Novize sofort bereitwillig aus den Erfahrungen seiner Kumpel, denn er weiß von früher: Es hat schon seine Richtigkeit, wenn "man" in der Horde gewisse Dinge nicht tut, die "man" in dieser Horde eben nicht tut.

Vierter Akt: Nun tauscht man auch die anderen Affen der Reihe nach gegen Freunde von draußen aus, und auch sie lernen ihre Lektion. Am Ende haben wir lauter Affen der zweiten Generation, die Dusche ist schon lang abmontiert, und keiner wagt sich die Stange hinauf. Ist das nicht eine wunderbare Metapher für das Verhangen-Sein in alten Routinen? Wir könnten uns fragen:

1) Welche alten Routinen gibt es in unserem Privatleben?

2) Welche alten Routinen haben wir in unserem Unternehmen?

3) Welche alten Routinen setzen wir bei unseren Kunden ein (ob sie nun passen oder nicht)?

Diese großartige Metapher fanden wir am 04.01.06 auf der Internetseite von: www.gastlichkeit.at Newsletter 01/2003

12.2. Psychologisches Grundwissen

Psychologisches Grundwissen sollten sie sich als Coach, Trainer oder auch Führungskraft auf allen Ebenen aneignen, um sich entsprechend in allen zwischenmenschlichen Lagen situationsgerecht verhalten zu können.

Da über die psychologischen Grundlagen wie die Individualpsychologie nach Alfred Adler oder die Psychoanalyse nach Sigmund Freud schon unzählig viel Literatur existiert, verzichten wir hier auf ausführliche Erklärungen, sondern weisen nur auf die wichtigsten Punkte hin und geben Ihnen nur einen kleinen Einblick in die Psychoanalyse.

Während Sigmund FREUD (1856 – 1939) aus der Arbeit mit psychisch Kranken unter Verwendung des Begriffes des "Unbewussten" sein großes und überaus erfolgreiches System der Psychoanalyse aufbaute, befasste sich sein Zeitgenosse Alfred ADLER (1870 - 1937) vor allem mit der Beobachtung der Gesellschaft, lehnte den Begriff des Unbewussten ab und stellte das Spannungsfeld zwischen dem Gefühl der Minderwertigkeit und dem Machtstreben als psychische Grunddynamik im Menschen dar.

Die wichtigsten Werke von ADLER sind u. a.:

- Menschenkenntnis
- Über den nervösen Charakter
- Der Sinn des Lebens
- Individualpsychologie in der Schule
- Heilen und Bilden
- Theorie und Praxis der Individualpsychologie

In diesen Werken bekommen Sie einen Einblick in wissenswerte Themen wie die Merkmale der Neurose, das neurotische Abwehrsystem, die Lebensleitlinie, die Typenlehre sowie der Familienkonstellation.

Interessante Themen nach Freud sind u. a. Abwehrmechanismen, Seelenmodell und dessen Wirkungsweise sowie die Entwicklungsphasen des Menschen. Haben wir Ihr Interesse und Ihre Neugierde geweckt? So können Sie auf den folgenden Seiten einen kleinen Auszug und Informationen zur Psychoanalyse finden.

Bei Gelegenheit können Sie zudem durch das Studium von Fachliteratur, sei es Primär- oder Sekundärliteratur, tiefer in dieses Gebiet der Psychologie eindringen.

12.2.1. Psychoanalyse als Rettung?

Vorwort

Die Frage, die sich bei der gestellten Problematik ergibt, lautet: Hätte eine genaue Kenntnis seelischer Vorgänge - eine Psychoanalyse - Lenz geholfen, seine Krise in der Dimension seelischer Dynamik zu verstehen und somit "Verhaltensmaßnahmen" für sein gefährdetes "Selbst" zu ergreifen, um diese Krise zu überstehen?

Die Frage spricht lediglich die kognitive Dimension der Problematik an. Ob ein Mensch (selbst-) tätig wird, ein Problem zu lösen, ist jedoch von seinen Lernerfahrungen, von seiner Selbsteinschätzung, von seinen Wertmaßstäben, von seinen Zweifeln und Ideologien, von der Art seiner Motivation, von seiner Sichtweise menschlichen Lebens usw. abhängig.

Insofern sind Theorien, die auf die Bildung - im wahrsten Sinne des Wortes, den Neuaufbau des Menschen abzielen, ein Weg zu dieser Bildung, die letztlich immer Eigen-Bildung ist.

Was ist Psychoanalyse? Eine Begriffserklärung

 S. FREUD ist der Begründer der Psychoanalyse. Er entwickelte sie von der Jahrhundertwende bis zu seinem Tod im Jahr 1939 als eine methodisch geregelte verbale Psycho-therapie, wie auch als ein Verfahren zur Untersuchung sonst unzugänglicher see-lischer Vorgänge, er schuf im Laufe seines Lebens eine stringente, in besonderer Weise umfassende wissenschaftliche Psychologie.

Eine wesentliche Wurzel hat die Psychoanalyse im Versagen der naturwissenschaftlichen Medizin, die keinen Zugang zu Krankheiten fand, die durch nicht verarbeitete Erlebnisse und Eindrücke der Kindheit entstehen.

Nach jahrzehntelanger Arbeit an seinen Theorien entstand das komplexe Gedankengebäude der Psychoanalyse, deren Grundpfeiler die unbewussten seelischen Vorgänge, die Theorie der seelischen Struktur (ICH, ES, ÜBER-ICH), die Entwicklungs- und Reifungsprozesse der Sexualität (orale, anale, phallische Entwicklungsphase, Latenzzeit, genitale Entwicklungs-phase), der Ödipuskomplex, die Lehre vom Widerstand und von der Verdrängung sowie die Traumdeutung sind.

Aber was besagt diese Aufzählung schon? Sie ruft Missverständnisse hervor, wie gerade Verkürzungen der Psychoanalyse es schon immer taten.

Psychoanalyse oder Tiefenpsychologie?

Die Überschrift beinhaltet die Frage: Warum Psychoanalyse Freud'scher Prägung und nicht eine Tiefenpsychologie anderer Provenienz?

Zweifellos kann der Eindruck entstehen, dass bei der Beschränkung auf die Psychoanalyse S. Freuds eine tiefenpsychologische Sichtweise einseitig bewertet wird. Es ist jedoch ganz unmöglich, eine Synopse verschiedener Theorien darzubieten.

Das psychoanalytische System S. Freuds deckt den Bereich des Begriffs "Tiefenpsychologie" nicht ab. Dennoch sind die oft recht unterschiedlichen Schulrichtungen der Tiefenpsychologie auf den Impuls des Lebenswerkes Freuds zurückzuführen.

Gemeinsam sind ihnen allen, außer der gemeinsamen geistigen Wurzel, die Berücksichtigung der Bedeutung des unbewussten Seelenlebens sowie die Behebung von Konflikten, die durch das unbewusste Seelenleben hervorgerufen werden.

Die überragende didaktische Bedeutung der Psychoanalyse nach Freud liegt in ihren strukturellen Erklärungsmöglichkeiten, d. h. in der Darstellung der Funktionen, Mechanismen, Vorbedingungen und Bedingungen des seelischen "Apparates".

Allerdings ist die Psychoanalyse auch nur aus ihrer Konstruktion zu verstehen; sie ist jedoch immer wieder zu platten, mystischen, monströsen Stichwörtern reduziert worden, die einem psychologischen Denken nicht adäquat sind; nur mit "dem" Todestrieb, "dem" Narzissmus oder "dem" Angstsignal ist nichts verstanden (W. Salber).

12.2.2. Der psychische Apparat – Einleitung in die Probleme einer zusammenfassenden Darstellung der Psychoanalyse nach S. Freud

S. Freud unterteilt in seinen späteren Werken (1) die Psyche in drei "Teile": ES, ICH, ÜBER-ICH. - Was heißt dies?

Freud arbeitete gleichsam mit Bildern, um sich verständlich zu machen. ES, ICH, ÜBER-ICH stellen Formeln dar, die komplizierte Verhältnisse, immer wieder sich verändernde Ordnungen des Seelenlebens - die Funktion und Dynamik repräsentieren - erfassen und ausdrücken sollen. (2)

Das Seelenleben, das seelische Leben, die Seele, ist somit nicht ein fester Körper, ein "fest" verankerter Teil des Körpers, den sich die Psychologie als zuständige Wissenschaft als Untersuchungsgegenstand gewählt hat.
"Das" Seelenleben bildet sich sozusagen erst jeweils heraus, es wird gemacht, und zwar erst im jeweiligen Augenblick; später kann es in psychologischer Untersuchung, indem alles das, was über die Zusammenhänge von Verhalten auf der einen und Erleben auf der anderen Seite bekannt ist, hinsichtlich seiner immanenten und autonomen Sinngesetze analysiert werden.(3)

(1) Vgl. Freud, S.: Das ICH und das ES. GW XIII 1923
(2)Vgl. Salber. W.: Entwicklungen der Psychologie S.Freuds, Bd. I-III, 1972-1974
(3)Vgl. ders., Perspektiven morphologischer Psychologie I. 1972

Das heißt, alle bei der psychologischen Betrachtung aufgespürten Zusammenhänge bilden erst den Gegenstand der Psychologie, und insofern handelt es sich um ein Kunstprodukt. (1)

Unter diesen Voraussetzungen lesen sich die folgenden Zusammenfassungen von psychischen Funktionen und Mechanismen, die nur schwer die Entwicklungen ihres Zustandekommens widerspiegeln, anders: Das ES ist dann eben kein fremdartiges, handelndes Wesen, Humunkulus oder dergleichen, als der Schauplatz des Seelischen, eben nicht an einer bestimmten Stelle des Gehirnes ansässig und vieles andere mehr.

S. Freud suchte in seiner eigenständigen Psychologie nach grundlegenden seelischen Einheiten, Prozessen und Beschreibungsqualitäten, um seelisches Agieren darstellbar und verstehbar zu gestalten.

Da er der Phänomenfülle der Realität nie vollständig und nicht direkt habhaft werden konnte, konstruierte Freud eine genial vereinfachende Vorstellung von Seele, die in ihrer Begrifflichkeit kaum exakter zu fassen ist. Die Faktoren dieser so genannten psychologischen Gegenstandsbildung, einer "Zwischenwelt", einer unüberschreitbaren "Ersatzwelt", gilt es im Freud'schen Werk aufzufinden, um sein diese Vorstellungen begründendes Denken zu verstehen, d. h. seine Grundbedingungen, Analysen, Konstruktionen, Schlussfolgerungen usw.

(1)Vgl. ders., a.a.O.

Ein Faktor seiner Konstruktion ist z. B. die Umbildungsmöglichkeit und Umbildungsnotwendigkeit des Seelenlebens, die darauf hindeutet, dass das Seelenleben inneren Reizen nicht entfliehen kann. Aus diesem Faktor seines "Kunstgebildes" wiederum folgert u. a. der seelische Mechanismus der Verdrängung. Das heißt, Freud verrechnete innerhalb seiner wissenschaftlichen Methode Beobachtungen (das Seelenleben hört nicht einfach auf, hat aber verschiedene Qualitäten, z. B. Traum, Wachsein, etc.) und Grundbedingungen seiner Konstruktion (Sinnbestimmtheit) zu Faktoren seines Konstruktes (z. B. Umbildung; s. o.) und theoretischen Inhalten (z. B. der Annahme seelischer Energie und deren Verteilung, aber auch denknotwendigen Instanzen, die die Verdrängung vornehmen).

Erst aber das Miteinander und Gegeneinander aller Faktoren, Axiome, Denknotwendigkeiten und Erfahrungen und die sich ergebende Gegenstands-bildung machen das Konzept deutlich.

Das Seelenleben produziert auf Veranlassung des inneren und äußeren Erlebens eigenartige Lösungen, die als seelische Produktionen erscheinen, dabei werden vorher vorhandene "Lösungen" verworfen, umgeformt, ergänzt, neue Formen gefunden (Objektbesetzung -> ödipale Situation -> Identifizierung). Das heißt, alle seelischen Äußerungen müssen im Gesamten gesehen werden, um verstanden zu werden, sowohl die leichtfertig abgelehnten "Anormalitäten" als auch kulturell Hochangesehenes.

Dies macht deutlich, wieso gerade Assoziationen, Fehlleistungen, Absonderliches usw. Seelenleben erklärbar machen. Freud sieht Fehlleistungen nicht als abstruse Absonderlichkeiten, sondern als seelische Produktionen im Gesamten der inneren Verarbeitung, als sinnvolle Lösungen im Einfluss verschiedener Tendenzen. Da wird dann z. B. als Kompromiss "Vorschwein" statt "Vorschein" und "Schweinerei" produziert, wobei wiederum ein Faktor der Gegenstandsbildung von Freud deutlich wird, nämlich das Vor-Urteil, dass seelischen Vorgängen ein Sinnzusammenhang zu unterstellen ist.

Das Denken Freuds zu verstehen, bedeutet, die Gegenstandsbildung Freuds mittels hermeneutischer Methoden zu analysieren, den Sinn seiner Begriffe im Gesamtzusammenhang seiner Konstruktion zu verstehen, um so innerhalb seines Denkgerüstes denken zu lernen; erst dann lässt sich eine Kritik erstellen, zuerst eine immanente, sodann eine übergeordnete.

Es muss darum gehen, in diejenigen Denkprozesse wieder einzusteigen, in denen S. Freud dachte, sodann kann man auch zu den unterschiedlichen Lösungen kommen, zu denen Freud im Laufe seines Denkens kam.

Freuds Psychologie basiert auf der der Psychologie eigenen Wissenschaftstheorie. Er macht ausdrücklich auf die Grundkategorien und inneren Zusammenhänge des nach eigenen Gesetzen ablaufenden Seelenlebens aufmerksam. Der Zusammenhang von Erleben und Verhalten lässt sich nicht mit einer aufgesetzten, aufgestülpten mathematischen (kausalen) Logik erklären, jegliche Alltagserfahrung zeigt, dass es ein "Entweder-Oder", "Als-Auch", "Sowie-Und" gibt.

Vgl. Freud, S.: Vorl. zur Einf. in die Psychoanalyse (1916 /1915) StAusG Bd. I, S. 50 f

Dass dies von chemisch-physikalischen Reaktionen begleitet wird, lässt sich vermuten; dass die Zusammenhänge auf die gleiche Weise erklärbar sind, schließt die Eigengesetzlichkeit der Seele aus.

Die Psychoanalyse übersetzt seelische Vorgänge (Zusammenhang von Erleben und Verhalten) in eine formelhafte, verkürzte, einsichtige Bildersprache. So wie z. B. der komplizierte und komplexe Vorgang der körperlichen Energieaufnahme sowohl durch chemische Formeln als auch durch den Satz wiedergegeben werden kann: "Nahrung wird aufgenommen, im Körper verbrannt und Energie freigesetzt", versucht die Psychoanalyse anderweitig nicht zu erschließende und zu erklärende Vorgänge psychologisch zu deuten.

Das Seelenleben zu verstehen heißt, sich über Vorannahmen und Vorstellungen, die das Denken über das Seelische immer begleiten, klar zu werden. Durch Beobachten von Verhaltensweisen und das Sammeln von Erlebensweisen muss ein kunstvolles Konstrukt erstellt werden, was das Seelenleben in seinem Zusammenhang, in seiner Funktionsweise, Dynamik und Topik repräsentieren soll.

Um sich über die Konstruktion der Psychoanalyse ein Bild zu machen, muss man also die Vorannahmen Freuds herausfinden, seine Schlüsse nachvollziehen, seine sich wandelnden Vorstellungen begreifen. Seine Psychologie muss in sich ruhend, in ihrem basalen Denkgerüst dargestellt werden. Es geht nicht darum, in einer Konkurrenzsituation Inhalte, die sich aus der inneren Ordnung ableiten, mit anderen zu vergleichen.

Eine reine Darstellung einer Theorie lässt ihre innere Ordnung allerdings nicht deutlich werden. Damit eine

Theorie als ein Ganzes, als in sich ruhend dargestellt werden kann, müssen ihre Voraussetzungen, ihr Wollen und die sich ergebenden Konsequenzen und Eigentümlichkeiten zusammenpassen.

Dies bedeutet auch, wenn eine Theorie den Zusammenhang von Verhalten und Erleben im Ganzen - nicht isolierte Aspekte - aufklären will, hat dies erkenntnistheoretische Probleme, abhängig von der Eigenart des Gegenstandes, hat dies Auswirkungen auf die Methoden und beeinflusst dies die Gültigkeit der Ergebnisse.

Wer sich S. Freuds Denken nähert, sollte mit wissenschaftstheoretischen Fragestellungen beginnen, um nicht mit der Theorie und ihren Inhalten gleich Partei sein zu müssen.

Es muss von Anfang an darum gehen, die Struktur der Psychologie S. Freuds zu ergründen. Die Struktur soll den Zusammenhang, die Bedingungen, das Ganze und die grundlegenden Prinzipien des Seelenlebens wiedergeben. (1)

(1) Vgl. Salber, W.: Entwicklungen d. Psy. S. Freuds I-III 1972-74

12.2.3. Textbeispiele zur Thematik:

Der psychische Apparat und seine metatheoretischen Voraussetzungen

Psyche: Gehirn, Instanzen, Hilfs-Vorstellung, seelische Organisation

I. "Die Psychoanalyse macht eine Grundvoraussetzung, deren Diskussion philosophischem Denken vorbehalten bleibt, deren Rechtfertigung in ihren Resultaten liegt. Von dem, was wir unsere Psyche (Seelenleben) nennen, ist uns zweierlei bekannt: einerseits das körperliche Organ und Schauplatz desselben, das Gehirn (Nervensystem), andererseits unsere Bewusstseinsakte, die unmittelbar gegeben sind und uns durch keinerlei Beschreibung näher gebracht werden können. Alles dazwischen ist uns unbekannt, eine direkte Beziehung zwischen beiden Endpunkten unseres Wissens ist nicht gegeben. Wenn sie bestünde, würde sie höchstens eine genaue Lokalisation der Bewusstseinsvorgänge liefern und für deren Verständnis nichts leisten."

S. Freud: Abriss d. Psychoanalyse (1938) FT 1953, S. 6

II. "Wir stellen uns den unbekannten Apparat, der den seelischen Verrichtungen dient, nämlich wirklich wie ein Instrument vor, aus mehreren Teilen aufgebaut - die wir Instanzen heißen -, die ein jeder eine besondere Funktion versehen, und die eine feste räumliche Beziehung zueinander haben, d. h. die räumliche Beziehung, das "vor" und "hinter", "oberflächlich" und "tief" hat für uns zunächst nur den Sinn einer Darstellung der regelmäßigen Aufeinanderfolge der Funktionen"

"...es ist eine Hilfsvorstellung, wie so viele in den Wissenschaften. Die allerersten sind immer ziemlich roh gewesen, open to revision, kann man in solchen Fällen sagen..."

"Wir stellen uns auf den Boden der Alltagsweisheit und anerkennen im Menschen eine seelische Organisation, die zwischen seine Sinnesreize und die Wahrnehmung seiner Körperbedürfnisse einerseits, seine motorischen Akte andererseits eingeschaltet ist und in bestimmter Absicht zwischen ihnen vermittelt. Wir heißen diese Organisation das ICH...

Außer diesem ICH erkennen wir ein anderes seelisches Gebiet, umfangreicher, großartiger und dunkler als das ICH, und dies heißen wir das ES. Das Verhältnis zwischen den beiden soll uns zunächst beschäftigen."

S. Freud: Die Frage der Laienanalyse (1296) FTB 1980 S. 150/151

Der psychische Apparat – eine Übersicht

Freud unterteilt in seinen späteren Werken die Psyche in drei "Teile": ES, ICH, ÜBER-ICH (1). Als älteste dieser psychischen Provinzen oder Instanzen bezeichnet Freud das ES, das im Wesentlichen durch die Triebe und das Ererbte charakterisiert ist. Die Vorgänge im ES sind unbewusst. (2)

(1) Es sei hier nochmals darauf hingewiesen, wie missverständlich schon das Wort Psyche sein kann, da es ja um eine Einteilung eines sich immer wieder neu ordnenden lebendigen Gefüges handeln soll, wobei "Psyche" und "Einteilung" schon suggerieren können, es handele sich um eine Ein-Teilung eines festen ganzen Körpers.

(2)S. Freud: Die Frage der Laienanalyse (1926) FTB 1969, S. 154

Ein Teil des ES entwickelt sich im Laufe der Biographie eines Menschen zu einer eigenständigen seelischen Instanz, die Freud als ICH bezeichnet. Sie hat u. a. die Aufgabe der Selbstbehauptung; das ICH sammelt Informationen über die Außenwelt und beobachtet das Individuum (Fähigkeit des Menschen, sich zu transzendieren) bei seinen Reaktionen und registriert seine Bedürfnisse und Wünsche. Aufgrund dieser Beobachtung und Erfahrung organisiert es im Sinne des "Realitätsprinzips" das Verhalten und entscheidet, ob die Triebansprüche zur Befriedigung zugelassen oder auf günstigere Zeiten und Umstände verschoben werden.

Die Vorgänge im ICH können je nach Entscheidung und Kompromiss im Rahmen der anderen Instanzen bewusst werden. (1)

Als Folge des Zusammenlebens und gegenseitigen Beeinflussens des Kindes und der Elternteile bildet sich als seelische "Lösung" im ICH die dritte seelische Instanz aus, das ÜBER-ICH. Das ÜBER-ICH ist der Inbegriff aller moralisch-hemmenden Kräfte, mit denen das Denken und Handeln kontrolliert wird.

Diese "Übersicht" über den Aufbau des psychischen Apparates macht nochmals die Formelhaftigkeit einer Zusammenfassung deutlich. Auch S. Freud erging es im "Abriss der Psychoanalyse" nicht anders. Um so mehr soll also diese Zusammenfassung vor einem vordergründigen scheinbaren Verständnis warnen, ihr Zweck soll u. a. im "Stichwortgeben" liegen, was als Leitlinie für die weitere Klärung dienen soll.

(1) S. Freud: a.a.O., S. 154

Denn die Frage "Warum ist das ES unbewusst?" lässt sich nur aus der Gesamtkonstruktion herleiten und verstehen. Die einfache kurz gefasste Feststellung, "Das ES ist unbewusst", erzeugt nur den mystischen Charakter der Aussage. Mitgedacht werden muss hier zumindest das ICH als Bewusstsein spendende und beobachtende Instanz und psychische Energie, die Vorstellungen besetzt, damit sie wahrnehmbar sind.

Die Instanzendreiteilung macht auf einen weiteren Faktor der psychologischen Gegenstandsbildung Freuds aufmerksam, der "Überdeterminierung" (1). Nicht einfache (kausale) Erklärungen sind für das Seelische typisch, sondern Überkreuzungen verschiedener Tendenzen, die zu Kompromissen anregen. So ist z. B. nicht das ICH alleine verantwortlich, sondern ein Trieb drängt nach Befriedigung, das ÜBER-ICH steht diesem mit seinen Vorstellungen entgegen, das ICH arrangiert eine Lösung.

Das ES und die Triebe

Die jeweils älteste der psychischen Instanzen ist das ES. Was heißt nun dies? - Was versteht S. Freud unter dem ES?

Sicher nicht, was viele seiner Kritiker meinen, ein wahllos festgelegter "Teil" einer fest geklammerten Seele, mystisch und dunkel, der wie ein Lebewesen aus dem Dunkel auftaucht und unergründlich agiert.

(1) Vgl. Salber, W.: Entwicklungen der Psychoanalyse S. Freuds Bd. L, 1972

Der Satz "(wir) anerkennen im Menschen eine seelische Organisation, die zwischen seine Sinnesreize und die Wahrnehmung seiner Körperbedürfnisse einerseits, seine motorischen Akte andererseits eingeschaltet ist ..." (1) besagt hinsichtlich der seelischen Instanzen, dass es sich eben nicht um feste anpassbare Teile eines Körperorgans wie z. B. der Leber handelt, sondern dass Seelisches in jeder Handlung des Menschen auftaucht und sei es das Hochheben einer Kaffeetasse beim Frühstück. Auch bei einem solchen Agieren spielt sich Seelisches ab, einschließlich des ES.

Das heißt, "die" Instanzen stehen als Zeichen für bewegliche Ordnungen im seelischen Leben, die sich verändern.

Das ES steht also für die seelische Repräsentanz der Triebregungen, des Ererbten, ist als Reservoir der psychischen Energien zu denken. Freud sah das ES zum Somalischen offen, von wo es seine Triebbedürfnisse aufnimmt, die dann im ES ihre psychische Repräsentanz finden. Er schreibt dem ES gewisse Fähigkeiten zu und grenzt damit sogleich zu anderen seelischen Instanzen ab, die die Fähigkeiten des ES ergänzen, aber auch Unfähigkeiten deutlich machen, im Zusammenhang das Seelenleben aber erst ausmachen.

Freud benutzt den Begriff der "Triebe" nicht einfach im sexuellen Sinne, sondern sie sind Wirkende und Bewirkende im Seelenleben.

(1) S. Freud: Die Frage der Laienanalyse (1926) FTB 1980, S.150/151

Indem Freud von Triebrepräsentanzen spricht, macht er auf die Formenbildungsmöglichkeit des Seelenlebens als einem Faktor seiner Konstruktion aufmerksam, wobei es um die Verwandlung und Umwandlung seelischer Einheiten geht.

Die Energie des ES beruht auf zwei Arten von Trieben, dem aggressiven Trieb (Destrudo) und dem libidinösen, erotischen, sexuellen Trieb (Libido). Beide Triebarten treten immer in einem Mischungsverhältnis auf.(1)

Die psychische Energie im ES verlangt nach sofortiger Abfuhr, d. h., es herrscht das unbedingte "Lustprinzip" (Primärprozess - ursprüngliche Funktionsweise des seelischen Apparates), es gibt keine moralischen Wertungen im ES.

Die Energiequanten der Triebarten besetzen im Säuglingsalter noch ohne Umschweife die ersehnten Objektrepräsentationen. Mit zunehmendem Alter regelt das ICH die Verteilung der "Energien", die seinem Einfluss zugänglich sind. Das ICH tritt dann als vermittelnde Instanz zwischen Trieb und Außenwelt.

Die Triebe erzeugen also eine (Trieb-)Spannung, die das Individuum dazu treibt, tätig zu werden, die Erregung abklingen zu lassen, Befriedigung zu erreichen.

(1) Hierbei zeigt sich ein wesentlicher Zug Freudscher Denkarbeit; durch Dualismen seine Erkenntnisse zu verdichten (vgl. Salber, W.: Entwicklungen d Psych. S. Freuds Bd. I, S. 103)

Was veranlasste S. Freud neben dem seelischen Kräftebegriff seelische Energie zu konstatieren? Zwei bedeutsame Beobachtungen sind für diese Unterscheidung verantwortlich:

Erstens die Tatsache, dass viele von Patienten vorgetragene "Erinnerungen" unbewusste Phantasien waren, wobei diese nun einerseits von seelischen Kräften geschaffen werden, andererseits andere Kräfte deren Vordringen ins Bewusstsein verhindern können.

Zweitens ist die Beobachtung zu nennen, dass Symptome durch andere ersetzt werden können, was schließlich die Schlussfolgerungen nach sich zog, dass "verschiebbare und umformbare Qualitäten eine Rolle spielen"(1), was mit dem Kräftebegriff allein nicht mehr denkbar war.

Was heißt "Besetzung"? - Was bedeutet Besetzung von Objektrepräsentationen?

Wir können diesen Begriff verstehen, wenn wir von der Grundannahme Freuds ausgehen, dass Vorstellungen beim Menschen nur dann erlebt werden, wenn sie mit Energie "besetzt" sind. (2)

---

(1)Vgl. Rappaport, D.: Die Struktur der psychoanalytischen Theorie. Stuttgart 1973, S. 80
(2)Vgl. Bally. G.: Einf. in die Psychoanalyse S. Freuds, 1961, S. 72

Objektbeziehungen meint also in der Psychoanalyse eine bedeutsame psychische Beziehung zwischen 'Objekten' und der Psyche, wobei 'Objekte' sowohl Lebendes als auch Unbelebtes einschließen. In den ersten Lebensjahren ist hier vor allem alles eingeschlossen, was der Bedürfnisbefriedigung und dem Abbau von Triebspannungen dient. In der oralen Entwicklungsphase können das sowohl die Mutter, wie ein eigener Finger des Kindes sein, in der analen Phase das Spielen mit den Exkrementen.

Das heißt, dass mit zunehmenden eigenen Möglichkeiten des Kindes, mit der Umwelt in Beziehung zu treten, auch die Objektbeziehungen zunehmen, das heißt aber auch, dass die ersten Objektbeziehungen mit der Mutter, die zu Beginn eines jeden Lebens in der Regel das einzige Objekt zur Bedürfnisbefriedigung darstellt, eine große psychische Bedeutung haben, wobei die erste Objektbeziehung äußerst egozentrisch gefärbt ist.

Hervorzuheben ist auch, dass die Mutter für das Kind sich in viele Partialobjekte "teilt", wobei Brust, Hände, Haut usw. vom Kind gesondert gesehen werden, wie auch in den ersten Lebensmonaten das Selbst von anderen Objekten überhaupt nicht unterschieden werden kann.

Die ersten Repräsentanzen der Objekte werden vermutlich in der Psyche besetzt, weil sie Bedürfnis befriedigende Aspekte für das Kind haben. Es muss aber auch gesehen werden, dass die frühen Objektbeziehungen sich durch ein hohes Maß an Ambivalenz auszeichnen, sich Gefühle des Hasses wie der Liebe miteinander abwechseln.

Die Triebvorstellung in Freuds Gedankengebäude der Seele ist ein Beispiel dafür, dass Freud in seinem Denken Prozesse durch "Verkörperungen" (1) als einen Faktor seiner Gegenstandsbildung darstellt. Die Vorstellung "in Körpern" macht es möglich, dann auch im Gedankengebäude in Teilkörpern, aber auch in Kombinationen zu denken.

Triebe sind die "Inkarnation" der der Seele eigenen Dynamik, sie treiben; ihnen wohnt die Tendenz inne, Seelisches weiterzuführen. Da die Triebe jedoch die Tendenz haben, im Gegensatz zu einer gerichteten Kraft, sich zu vergrößern, zu vermindern, sich abzuführen, nimmt Freud den Begriff "Energie" zur Beschreibung zur Hilfe.

Was heißt "zur Hilfe"? - Freud denkt im Rahmen der Faktoren seiner Gegenstandsbildung in "Zubilligungen" (2).

Das heißt, er fragt danach, was muss im Rahmen des Begriffs Energie gedacht werden?
Strömung, Umlenkung, Aufteilung usw. - Gleichzeitig können durch die Art und Weise der Energiebewegung verschiedene seelische Verfassungen (Regeln des Ablaufs) unterschieden werden wie z. B. Traum, Wachsein, Tagtraum usw.

(1) Salber, W.: a.a.O., 1972
(2) Salber, W.: a.a.O., 1972

Der Konstruktionsfaktor "Zubilligung" (Verrechnung) macht die Methode Freuds insgesamt deutlich. Er beobachtet Phänomene, versucht deren immanente Regelhaftigkeit darzustellen und die sich ergebende Konstruktion von beweglichen Faktoren durch die Praxis nachzuprüfen. Die Praxis (z. B. Therapie) erbringt neue Beobachtungen zum weiteren Ausbau seiner Theorie, gleichzeitig stellt *er* mittels Zubilligungen ergänzende Hypothesen auf.

12.2.4. Textbeispiel zur Thematik

Trieb und psychische Energie

Trieb; Verdrängungsschicksal; Affektbetrag; Verdrängung, anhaftende Triebenergie

"In den bisherigen Erörterungen behandelten wir die Verdrängung einer Triebrepräsentanz und verstanden unter einer solchen eine Vorstellung oder Vorstellungsgruppe, welche vom Trieb her mit einem bestimmten Betrag von psychischer Energie besetzt ist ...

Die klinische Beobachtung nötigt uns zu zerlegen, was wir bisher einheitlich aufgefasst hatten, denn sie zeigt uns, dass etwas anderes, was den Trieb repräsentiert, neben der Vorstellung in Betracht kommt und dass dieses andere ein Verdrängungsschicksal erfährt, welches von dem der Vorstellung ganz verschieden sein kann. Für dieses andere Element der psychischen Repräsentanz hat sich der Name Affektbetrag eingebürgert; es entspricht dem Triebe, insofern er sich von der Vorstellung abgelöst hat und einen seiner Quantität gemäßen Ausdruck findet, welche als Affekte der Empfindung bemerkbar werden. Wir werden von nun an, wenn wir einen Fall von Verdrängung beschreiben, gesondert verfolgen müssen, was durch die Verdrängung aus der Vorstellung und was aus der an ihr haftenden Triebenergie geworden ist."

S. Freud: Die Verdrängung (1915) In: StAusG Bd. IM, 2. 113

12.2.5. Textbeispiel zur Thematik:

Triebenergie und Besetzung

Objekt des Bewusstseins; Unbewusstes; unbewusste Vorstellungsrepräsentanz einer Triebregung

"Ein Trieb kann nie Objekt des Bewusstseins werden, nur die Vorstellung, die ihn repräsentiert. Er kann aber auch im Unbewussten nicht anders als durch die Vorstellung repräsentiert sein. Würde der Trieb sich nicht an eine Vorstellung heften oder nicht als ein Affektzustand zum Vorschein kommen, so könnten wir nichts von ihm wissen. Wenn wir aber doch von einer unbewussten Triebregung oder einer verdrängten Triebregung reden, *so* ist dies eine harmlose Nachlässigkeit des Ausdrucks. Wir können nichts anderes meinen als eine Triebregung, deren Vorstellungsrepräsentanz unbewusst ist, denn etwas anderes kommt nicht in Betracht ..."

S. Freud: Das Unbewusste (1915) In: StAusG Bd. III S. 136

12.2.6. Textbeispiel zur Thematik:

Die Triebarten und der seelische Apparat

Sexualtrieb (Eros); Selbsterhaltungstrieb; Todestrieb; physiologischer Prozess; Vermischung der Triebarten; Entmischung der Triebarten

"... dass man zwei Triebarten zu unterscheiden hat, von denen die eine, Sexualtrieb oder Eros, die bei weitem auffälligere und der Kenntnis zugänglichere ist. Sie umfasst nicht nur den eigentlichen ungehemmten Sexualtrieb und die von ihm abgeleiteten zielgehemmten und sublimierten Triebregungen, sondern auch den Selbsterhaltungstrieb, den wir dem ICH zuschreiben müssen und den wir zu Anfang der analytischen Arbeit mit guten Gründen den sexuellen Objekttrieben gegenübergestellt hatten.

Auf Grund theoretischer, durch die Biologie gestützter Überlegungen supponierten wir einen Todestrieb, dem die Aufgabe gestellt ist, das organische Lebende in den leblosen Zustand zurückzuführen, während der Eros das Ziel verfolgt, das Leben durch immer weitergreifende Zusammenfassungen der in Partikel zersprengten lebenden Substanz zu komplizieren, natürlich es dabei zu erhalten. Beide Triebe benehmen sich daher im strengsten Sinne konservativ, indem sie die Wiederherstellung eines durch die Entstehung des Lebens gestörten Zustands anstreben. Die Entstehung des Lebens wäre also die Ursache des Weiterlebens und gleichzeitig auch des Strebens nach dem Tode, das Leben selbst ein Kampf und Kompromiss zwischen diesen beiden Strebungen...

Jede dieser beiden Triebarten wäre ein besonderer physiologischer Prozess (Aufbau und Zerfall) zugeordnet, in jedem Stück lebender Substanz wären beiderlei Triebe tätig, aber doch in ungleicher Mischung, so dass eine Substanz die Hauptvertretung des Eros übernehmen könnte.

In welcher Weise sich Triebe der beiden Arten miteinander verbinden, vermischen, legieren, wäre noch ganz unvorstellbar; dass dies aber regelmäßig und in großem Ausmaß geschieht, ist eine in unserem Zusammenhang unabweisbare Annahme. Infolge der Verbindung der einzelligen Elementarorganismen zu mehrzelligen Lebewesen wäre es gelungen, den Todestrieb der Einzelzelle zu neutralisieren und die destruktiven Regungen durch Vermittlung eines besonderen Organs auf die Außenwelt abzuleiten. Dies Organ wäre die Muskulatur, und der Todestrieb würde sich nun - wahrscheinlich doch nur teilweise - als Destruktionstrieb gegen die Außenwelt und andere Lebewesen äußern.

Haben wir einmal die Vorstellung von einer Mischung der beiden Triebarten angenommen, so drängt sich uns auch die Möglichkeit einer - mehr oder minder vollständigen - Entmischung derselben auf. In der sadistischen Komponente des Sexualtriebes hätten wir ein klassisches Beispiel einer zweckdienlichen Triebmischung vor uns, im selbständig gewordenen Sadismus als Perversion das Vorbild einer, allerdings nicht bis zum äußersten getriebenen Entmischung. Es eröffnet sich uns dann ein Einblick in ein großes Gebiet von Tatsachen, welches noch nicht in diesem Licht betrachtet worden ist."

5. Freud: Das ICH und das ES. In: Die beiden Triebarten 1923 StAusG Bd. III, S. 307 f.

12.2.7. Textbeispiel zur Thematik:

Die Triebarten und der seelische Apparat, Teil 2

Körperbedürfnisse und seelische Triebe; Das Wollen der Triebe; Befriedigung; Bedürfnisspannung und Lust/Unlust; Herrschaft des Lustprinzips; Triebe im ES und das ICH; ICH und ES/Lustprinzip und Realitätsprinzip

"Also wir nehmen an, dass die Kräfte, welche den seelischen Apparat zur Tätigkeit treiben, in den Organen des Körpers erzeugt werden als Ausdruck der großen Körperbedürfnisse ...
Wir heißen diese Körperbedürfnisse, insofern sie Anreize für seelische Tätigkeit darstellen, Triebe...

Diese Triebe erfüllen nun das ES; alle Energie im ES, können wir abkürzend sagen, stammt von ihnen. Die Kräfte im Ich haben auch keine andere Herkunft, *sie* sind von denen im ES abgeleitet.

Was wollen nun die Triebe? Befriedigung, d. h. die Herstellung solcher Situationen, in denen die Körperbedürfnisse erlöschen können. Das Herabsinken der Bedürfnisspannung wird von unserem Bewusstseinsorgan als lustvoll empfunden, eine Steigerung derselben bald als Unlust.

Aus diesen Schwankungen entsteht die Reihe von Lust-Unlustempfindungen, nach der der ganze seelische Apparat seine Tätigkeit reguliert. Wir sprechen da von der "Herrschaft des Lustprinzips".

Es kommt zu unerträglichen Zuständen, wenn die Triebansprüche des ES keine Befriedigung finden. Die Erfahrung zeigt bald, dass solche

Befriedigungssituationen nur mit Hilfe der Außenwelt hergestellt werden können. Damit tritt der der Außenwelt zugewendete Anteil des ES, das ICH, in Funktion...

Die Triebe im ES drängen auf sofortige, rücksichtslose Befriedigung, erreichen auf diese Weise nichts oder erzielen selbst fühlbare Schädigung. Es wird nun die Aufgabe des ICHs, diesen Misserfolg zu verhüten, zwischen den Ansprüchen des ES und dem Einspruch der realen Außenwelt zu vermitteln. Es entfaltet seine Tätigkeit nun nach zwei Richtungen. Einerseits beobachtet *es* mit Hilfe seines Sinnesorgans, des Bewusstseinssystems, die Außenwelt, um den günstigen Moment für schadlose Befriedigung zu erhaschen, andererseits beeinflusst es das ES, zügelt dessen "Leidenschaften", veranlasst die Triebe, ihre Befriedigung aufzuschieben, ja, wenn es als notwendig erkannt wird, ihre Ziele zu modifizieren, oder sie gegen Entschädigung aufzugeben. Indem es die Regungen des ES in solcher Weise bändigt, ersetzt es das früher allein maßgebliche Lustprinzip durch das so genannte Realitätsprinzip, das zwar dieselben Endziele verfolgt, aber den von der realen Außenwelt gesetzten Bedingungen Rechnung trägt."

S. Freud: Die Frage der Laienanalyse (1926) FTB 1980 *S.* 156 f.

12.2.8. Textbeispiel zur Thematik:

Das Lustprinzip und das Realitätsprinzip

Herrschaft des Lustprinzips; Quantität von Erregung; Konstanzprinzip und Lustprinzip; Lustprinzip und Duldung von Unlust

"Die Tatsachen, die uns veranlasst haben, an die Herrschaft des Lustprinzips im Seelenleben zu glauben, finden auch ihren Ausdruck in der Annahme, dass es ein Bestreben des seelischen Apparates sei, die in ihm vorhandene Quantität von Erregung möglichst niedrig oder wenigstens konstant zu erhalten. Es ist dasselbe, nur in andere Fassung gebracht, denn wenn die Arbeit des seelischen Apparates dahin geht, die Erregungsquantität niedrig zu halten, so muss alles, was dieselbe zu steigern geeignet ist, als funktionswidrig, das heißt als unlustvoll empfunden werden. Das Lustprinzip leitet sich aus dem Konstanzprinzip ab; in Wirklichkeit wurde das Konstanzprinzip aus den Tatsachen erschlossen, die uns die Annahme des Lustprinzips aufnötigten.

Dann müssen wir aber sagen, es sei eigentlich unrichtig, von einer Herrschaft des Lustprinzips über den Ablauf der seelischen Prozesse zu reden. Wenn eine solche bestünde, müsste die übergroße Mehrheit unserer Seelenvorgänge von Lust begleitet sein oder zur Lust führen, während doch die allgemeinste Erfahrung dieser Folgerung energisch widerspricht. Es kann also nur so sein, dass eine starke Tendenz zum Lustprinzip in der Seele besteht, der sich aber gewisse andere Kräfte oder Verhältnisse widersetzen, so dass der Endausgang nicht immer der Lusttendenz entsprechen kann...

Unter dem Einfluß der Selbsterhaltungstriebe des Ichs wird es vom Realitätsprinzip abgelöst, welches, ohne die Absicht endlicher Lustgewinnung aufzugeben, doch den Aufschub der Befriedigung, den Verzicht auf mancherlei Möglichkeiten einer solchen und die zeitweilige Duldung der Unlust auf dem langen Umwege zur Lust fordert und durchsetzt."

S. Freud: Jenseits des Lustprinzips (1920) StAusG Bd. III S. 218 f.

Das ICH
Das ICH, das sich im Laufe der jeweiligen menschlichen Genese aus dem ES herausdifferenziert, hat die Funktion der Motorik, der Wahrnehmung des Denkens, der Sprache, der Erinnerung, der Abwehrmechanismen usw.

Das ICH regelt die Abfuhr der seelischen Energie zur Außenwelt und damit auch den Zugang zum Bewusstsein, es schließt aus, verdrängt, wehrt ab. Dieser Vorgang ist oft unbewusst, d. h., im ICH findet man (im Gegensatz noch zur "topographischen Theorie") Unbewusstes.

Zu Beginn seiner Entwicklung stellt das ICH kein Hindernis für das nach Befriedigung drängende *ES* mit seinen Trieben dar, vielmehr steht es mit seinen motorischen und sensorischen Fähigkeiten dem ES zur Bedürfnisbefriedigung zur Verfügung. Erst im Laufe der Entwicklung (genetischer Aspekt der Strukturtheorie) wird das ICH zur Ausbildung des Nervensystems, Spracherwerb, Fähigkeit zur Realitätsprüfung und Erinnerung in den Stand gesetzt, dem ES Widerstand zu leisten. (Das ICH tritt als Gegentendenz zum ES auf). Es ist dann in der Lage, die seelische Energie des ES immer nach Gutdünken zu manipulieren, zu verschieben, zu binden; wobei Sublimation und Identifikation besonders hervorzuheben sind.

Der mit dem ICH verbundene Begriff der Abwehrmechanismen ist einer der ältesten der Psychoanalyse, er wurde in der topographischen Theorie zu Gunsten des Begriffs "Verdrängung" fallengelassen, bis die Verdrängung als Sonderfall der Abwehr erkannt wurde.

S. FREUD zählt zehn verschiedene Formen von Abwehrmechanismen auf, wobei Sublimierung am wenigsten neurotisch gefärbt sein kann, wie auch alle anderen psychischen Abwehrmaßnahmen "normal" sind und nicht nur bei Neurotikern beobachtet werden können.

Bei Aufzählungen von Abwehrmechanismen handelt es sich um grundsätzliche Abwehrmaßnahmen und um deren Verlauf und Dynamik. Jede Aufzählung bleibt unvollständig und formelhaft, da jede Aktion des ICH als Abwehrmaßnahme dienen kann.

Neben der Sublimierung nennt S. FREUD: "Verdrängung, Regression, Reaktionsbildung, Isolierung, Ungeschehenmachen, Projektion, Introjektion, Wendung gegen die eigene Person, Verkehrung ins Gegenteil."

Freud, S.: Das ICH und die Abwehrmechanismen 1936, TB Kindler-Verlag, München 1964, S.36

Die Mechanismen deuten auf das "Nicht-Fliehen-Können vor inneren Reizen" hin (1), als einen Faktor der Freud'schen Gegenstandsbildung. Seelische Umbildungen sind möglich, widerstreitende Tendenzen bestehen in kunstvollen Verhältnissen nebeneinander, ohne dass es zu Zusammenstößen kommt, eine eigene Logik regelt das Seelenleben, ein einfaches Auflösen, da Tendenzen unvereinbar sind, gibt es nicht, die seelische Energie wird als Lösung anders ausgerichtet, das Seelenleben ordnet sich neu, weitere Aufgaben entstehen."

Der entscheidende Faktor, der das ICH veranlasst, dem ES und seinen "Triebausbrüchen" Widerstand entgegenzusetzen, ist die Angst. Sie entsteht, wenn die Anhäufung von Triebenergie im ES, die nach Abführung drängt, zu groß wird, d. h. wenn sie *so* groß wird, dass sie schwerlich abgeführt und gebunden werden kann.

Umso geringer die Fähigkeiten des ICH (noch - s. Kleinkind -) ausgebildet sind, diese Unlust erzeugende Triebspannung zu beseitigen, umso häufiger kann das ICH in diese traumatische Situation kommen. In Erinnerung, d. h. der Vorwegnahme von Unlust-empfindungen, die gewisse triebhafte Wünsche erzeugen, stellt sich Angst ein, die dem ICH beim Widerstand zur Seite steht, um die ES-Regungen abzuwehren.

Angst kann auch durch das ÜBER-ICH hervorgerufen werden, das einen Triebwunsch, den das ICH durchaus befriedigen würde, nicht zulässt.
Da das ÜBER-ICH bei kleinen Kindern diese Leistung oft noch nicht erbringen kann, ist hier noch die Angst (Realangst) vor den Verboten und Strafen der Eltern ausschlaggebend.

Freuds ursprüngliche Theorie der Angst war, dass sie aus der Ansammlung und ungenügenden Entladung von Libido resultiere. Umso schwächer nun die Instanz ist, die die Abfuhr der Libido zu steuern in der Lage ist, umso wahrscheinlicher tritt eine solche Situation ein, was in früher Jugend der Fall ist.

(1) Vgl. Salber, W.: a.a.O., Bd. I, S. 249

Freud sah nun folgerichtig in der Geburt den Prototyp der traumatischen Gefahrensituation, in der auf den Säugling eine Fülle von nicht zu bewältigenden Reizen hereinbricht, wobei das Wort Angst - ANGUSTIAE, Enge - schon den Charakter der ersten Angst beleuchtet.

Die Theorie erklärte nicht, wie die Umwandlung der Libido in Angst stattfindet. Dies war der Stand der psychoanalytischen Theorie der Angst bis 1926.

Später erweiterte Freud seine alte Vorstellung, dass nicht entladene Libido zur Angst umgewandelt würde, indem er nun von einer generellen Reizüberflutung spricht, der vor allem das schwache ICH nicht Herr wird.

Freud unterscheidet also außer der traumatischen Situation, die durch die ängstigende Reizüberflutung hervorgerufen wird, die
Gefahrensituation, in der das kleine Kind im Laufe seiner Entwicklung lernt, das Herankommen einer traumatischen Situation zu antizipieren und auf sie mit Angst zu reagieren, bevor sie traumatisch wird. Diesen Typus nannte Freud auch Signalangst.

Das ICH und das ES

Das ES bedroht durch seine übermächtigen Energien - mit seiner Triebfülle - das ICH und gefährdet es, indem es das ICH gleichsam mit psychischer Energie zu überschwemmen droht, so dass das ICH, unfähig, diese psychischen Energiemassen umzuleiten (zu verdrängen), umzugestalten (zu sublimieren), scheitert. Dies kann jedoch umso besser vermieden werden, je mehr "ES in ICH" umgewandelt wird. Diesem Vorhaben steht übrigens das ÜBER-ICH gegenüber, da es, mit der Aufgabe der Realitätsbeurteilung betraut, ES-Ausläufer abzuwehren, dem ICH beim "Zurückschicken", zurück in *das* ES, behilflich zu sein, oftmals frühkindliche Wertmaßstäbe anlegt, und dabei Energie vor der Ableitung in die Außenwelt blockiert.

Wie kann nun ES in ICH umgewandelt werden?

Es wird natürlich hier kein "Stück" vom ES in ICH umgewandelt, dies ist im Sinne der metatheoretischen Voraussetzungen auch nicht aus dem obigen Satz herauszulesen. Vielmehr wird durch die Besetzung von Objektrepräsentationen psychische Energie in von der Realität sanktionierten Bahnen durch ICH-Funktionen wie Denken, Handeln, Sublimationen aller Art usw. nach außen abgeführt.

Das heißt u. a., dass eine Metamorphose im Seelischen stattfinden können muss, um die Energie abzuführen. Es wird aber auch deutlich, dass das Seelenleben durch verschiedene energetische Ordnungen geprägt ist (Primärvorgang; Sekundärvorgang).

Deutlich wird fernerhin, was schon im Rahmen der Triebvorstellung wichtig ist, dass Seelisches nur im

Prozess des Wandels existent ist. Das heißt, dass das ICH ebenso wie die anderen Instanzen jeweils in wechselnden, sich wandelnden Ordnungen existiert. Insofern kann auch ES(-haftes) *zu* ICH(-haftem) werden.

Die psychischen Qualitäten

In seinen Spätwerken, u. a. im "Abriss der Psychoanalyse", unterscheidet Freud lediglich noch psychische Qualitäten hinsichtlich ihres Verhältnisses zum Bewusstsein. Diese drei Qualitäten sind die bewusste, vorbewusste oder unbewusste Qualität. (1)

(1) Freud, S.: Abriss der Psychoanalyse. GW XVII (1938), FTB Frankfurt 1972, S.18 f.

Wie schon im Rahmen der psychischen Instanzen erwähnt, ist das Bewusstwerden an die Wahrnehmungsfunktionen und somit an das ICH geknüpft. Die Qualität des Vorbewussten (Vbw.) kommt allein Funktionen, Vorgängen und Verhältnissen des ICH zu, es ist ein Zustand, der es ermöglicht, Zugang zum Bewusstsein (Bw.) zu erlangen; die dominierende Qualität der Vorgänge des ES ist hingegen das Unbewusste (Ubw.). Dennoch sind unbewusste Vorgänge nicht einfach mit Vorgängen des Ubw. gleichzusetzen, wie es Freud noch in seiner "Topographischen Theorie" sah. Freud musste triebfeindlichen Tendenzen, die seinen ersten Vorstellungen nach auf keinen Fall dem Ubw. angehören können, die aber unbewusst erschienen, in einem revidierten System erklären. Er war gezwungen, sein "topographisches" Systemdenken (Bw., Vbw., Ubw.) zu ändern.

Deutlich wird hierbei, dass Freud seine Gegenstandsbildung von Beobachtungen leitete, seine Psychologie trotz neuer Inhalte auf einem Kontinuum einer wissenschaftstheoretischen Denkweise beruht, die Bezeichnungen "Topographische Theorie" oder "Strukturtheorie" den Prozess seines Denkens als auch die Art und Weise seines wissenschaftlichen Denkens nicht widerspiegeln.

Freud entwickelte nicht einfach eine Theorie und nach weiteren Erkenntnissen eine andere, sondern seine sich über Jahre entwickelnde Psychologie ruhte in sich, auf wissenschaftstheoretischen Prinzipien basierend; dies wurde auch durch Beobachtungen, die neue "theoretische" Inhalte produzieren, nicht außer Kraft gesetzt. Die "Strukturtheorie" baut sich also nicht mehr auf einer Systematik Ubw.-Vbw.-Bw. auf, einer Systematik, die sich u. a. aus einem Denken in Dualismen (Bw.-Ubw.) ergab, sondern ersetzt diese Systematik durch ein erweitertes Denken, das Freuds zunehmende Erkenntnisse besser erklärte, indem dynamische Konflikte (psychische Instanzen) zwischen ICH, Realität (Umwelt), Moralität (ÜBER-ICH, ICH-Ideal) und den Trieben (ES) ausgetragen werden.

Während die Prozesse, Zustände, Funktionen des ES durch den "Primärvorgang", Widerspruchslosigkeit, Zeitlosigkeit und Ersetzung der äußeren Realität durch die psychische gekennzeichnet sind, zeichnen sich die Prozesse des ICH durch den "Sekundärvorgang" und Realitätserfassung aus.

Der Faktor "Umbildung" der Freud'schen psychologischen Gegenstandsbildung wird in diesem Zusammenhang beim Prozess des Bewusstwerdens deutlich, wobei ein unbewusster psychischer "Akt", den

Organisationsprinzipien des Unbewussten folgend, Wandlungen und Umformungen durchmacht, bis er das Bewusstsein erlangt. Dies bedeutet aber auch, dass Freud nicht in singulären psychischen "Elementen", sondern in Sinnkreisen dachte, er von initiierenden Wirksamkeiten ausging, deren Chancen und Weg skizzierte und *so* versuchte, an die eigene Logik des Seelenlebens zu kommen.

12.2.9. Textbeispiel zur Thematik:

Das Bewusstsein

"Mit dem Bewusstwerden eines seelischen Vorganges ist es eine komplizierte Sache. Sie erinnern sich, das ICH ist die äußere, peripherische Schicht des ES. Nun glauben wir, an der äußersten Oberfläche dieses ICH befinde sich eine besondere, der Außenwelt direkt zugewendete Instanz, ein System, ein Organ, durch dessen Erregung allein das Phänomen, das wir Bewusstsein heißen, zustande kommt. Dies Organ kann ebenso wohl von außen erregt werden, nimmt also mit Hilfe der Sinnesorgane die Reize der Außenwelt auf, wie auch von innen her, wo es zuerst die Sensation im ES und dann auch die Vorgänge im ICH zur Kenntnis nehmen kann."

Freud, S.: Die Frage d. Laienanalyse (1926) FTB 1980, S. 154

12.2.10. Textbeispiel zur Thematik:

Das Unbewusste

"Die Psychologie hatte sich den Zugang zum Gebiet des Es versperrt, indem sie an einer Voraussetzung festhielt, die nahe genug liegt, aber doch nicht haltbar ist. Nämlich, dass alle seelischen Akte uns bewusst sind, das Bewusstsein das Kennzeichen des Seelischen ist, und dass, wenn es nicht bewusste Vorgänge in unserem Gehirn gibt, diese nicht den Namen seelischer Akte verdienen und die Psychologie nichts angehen.

"Ich meine, das ist doch selbstverständlich."

Ja, das meinen die Psychologen auch, aber es ist doch leicht zu zeigen, dass es falsch, d. h., eine ganz unzweckmäßige Sonderung ist. Die bequemste Selbstbeobachtung lehrt, dass man Einfälle haben kann, die nicht ohne Vorbereitung zustande gekommen sein können. Aber von diesen Vorstufen ihres Gedankens, die doch wirklich auch seelischer Natur gewesen sein müssen, erfahren sie nichts, in ihr Bewusstsein tritt nur das fertige Resultat."

Freud, S.: Die Frage d. Laienanalyse (1926) FTB 1980, S. 153

12.2.11. Textbeispiel zur Thematik

Das Unbewusste, Teil 2

"Was man bewusst heißen soll, brauchen wir nicht zu erörtern, es ist jedem Zweifel entzogen. Die älteste und beste Bedeutung des Wortes "unbewusst" ist die deskriptive; wir nennen unbewusst einen psychischen Vorgang, dessen Existenz wir annehmen müssen, etwa weil wir ihn aus seinen Wirkungen erschließen, von dem wir aber nichts wissen. Wir haben dann zu ihm dieselbe Beziehung wie zu einem psychischen Vorgang bei einem anderen Menschen, nur dass er eben einer unserer eigenen ist. Wenn wir noch konkreter sein wollen, werden wir den Satz dahin modifizieren, dass wir einen Vorgang unbewusst heißen, wenn wir annehmen müssen, er sei derzeit aktiviert, obwohl wir derzeit nichts von ihm wissen. Diese Einschränkung lässt uns daran denken, dass die meisten bewussten Vorgänge nur kurze Zeit bewusst sind; sehr bald werden sie latent, können aber wiederum bewusst werden."

S. Freud: Neue Vorlesung 1933 (1932) StAusG Bd. I, S. 508 f.

12.2.12. Textbeispiel zur Thematik:

Das Unbewusste, Teil 3

Unbewusstes als unvermeidliche Phase; Widerstand; Abwehr

"Das Unbewusste ist eine regelmäßige und unvermeidliche Phase in den Vorgängen, die unsere psychische Tätigkeit begründen; jeder psychische Akt beginnt als unbewusster und kann entweder so bleiben oder sich weiterentwickelnd zum Bewusstsein fortschreiben, je nachdem, ob er auf Widerstand trifft oder nicht.

Die Unterscheidung zwischen vorbewusster und unbewusster Tätigkeit ist keine primäre, sondern wird erst hergestellt, nachdem die "Abwehr" ins Spiel getreten ist. Erst dann gewinnt der Unterschied zwischen vorbewussten Gedanken, die im Bewusstsein erscheinen und jederzeit dahin zurückkehren können, und unbewussten Gedanken, denen dies versagt bleibt, theoretischen sowie praktischen Wert. Eine grobe, aber ziemlich angemessene Analogie dieses supponierten Verhältnisses der bewussten Tätigkeit zur unbewussten bietet das Gebiet der gewöhnlichen Photographie. Das erste Stadium der Photographie ist das Negativ; jedes photographische Bild muss den "Negativprozess" durchmachen, und einige dieser Negative, die in der Prüfung gut bestanden haben, werden zu dem "Positivprozess" zugelassen, der mit dem Bild endigt."

S. Freud: Einige Bemerkungen über den Begriff des unbewussten in der Psychoanalyse
(1912) StAusG Bd. III S. 33/34

12.2.13. Textbeispiel zur Thematik:

Angst

Unzureichende Ichorganisation; Trauma; Angstaffekt

"Nicht wahr, das kleine Lebewesen ist ein recht armseliges, ohnmächtiges Ding gegen die überwältigende Außenwelt, die voll ist von zerstörenden Einwirkungen. Ein primitives Lebewesen, das keine zureichende Ichorganisation entwickelt hat, ist all diesen "Traumen" ausgesetzt. Es lebt der "blinden" Befriedigung seiner Triebwünsche und geht so häufig an dieser zugrunde. Die Differenzierung eines ICHs ist vor allem ein Schritt zur Lebenserhaltung. Aus dem Untergang lässt sich zwar nichts lernen, aber wenn man ein Trauma glücklich bestanden hat, achtet man auf die Annäherung ähnlicher Situationen und signalisiert die Gefahr durch eine verkürzte Wiederholung der beim Trauma erlebten Eindrücke, durch einen Angstaffekt."

S. Freud: Die Frage der Laienanalyse (1296) FTB 1980 S. 158

Textbeispiel zur Thematik:

Die Verdrängung

Triebgefahr; traumatische Situation; Fluchtversuch des ICHs; Verdrängung; isolierte Triebregung; psychische Abkömmlinge; Symptom

"Auch bei den Lebewesen, die später eine leistungsfähige Ichorganisation haben, ist dieses ICH zuerst in den Jahren der Kindheit schwächlich und vom Es wenig differenziert. Nun stellen Sie sich vor, was geschehen wird, wenn dieses machtlose ICH einen Triebanspruch aus dem Es erlebt, dem es bereits widerstehen möchte, weil es errät, dass dessen Befriedigung gefährlich ist, eine traumatische Situation, einen Zusammenstoß mit der Außenwelt heraufbeschwören würde, den es aber nicht beherrschen kann, weil es die Kraft dazu noch nicht besitzt.

Das ICH behandelt dann die Triebgefahr, als ob es eine äußere Gefahr wäre, es unternimmt einen Fluchtversuch, zieht sich von diesem Anteil des ES zurück und überlässt ihn seinem Schicksal, nachdem es ihm alle Beiträge, die es sonst zu den Triebregungen stellt, verweigert hat. Bei der Verdrängung folgt das ICH dem Lustprinzip, welches es sonst zu korrigieren pflegt.

Die verdrängte Triebregung ist jetzt isoliert, sich selbst überlassen, unzugänglich, aber auch unbeeinflussbar ... Das ICH kann zumeist auch später, wenn es erstarkt ist, die Verdrängung nicht mehr aufheben, seine Synthese ist gestört, ein Teil des ES bleibt für das ICH verbotener Grund. Die isolierte Triebregung bleibt aber auch nicht müßig, ... erzeugt psychische Abkömmlinge, die sie vertreten, setzt sich mit anderen Vorgängen in Verknüpfung, ... und bricht endlich in einer unkenntlich entstellten Ersatzbildung ins ICH und zum Bewusstsein durch, schafft das, was man ein Symptom nennt."

S. Freud: Die Frage der Laienanalyse (1926) FTB 1980 S. 158 f.

Literatur- und Quellenverzeichnis

Zu Kapitel 1.1:
  Frei nach Quelle www.lernen-heute.de/motivation.html
Zu Kapitel 2.4:
  Zitat http://www.stangl-taller.at/Arbeitsblätter/Kommunikation/Todsuenden.shtml
Zu Kapitel 2.5:
  Frei nach Quelle: http://www.schulz-von-thun.de/mod-komquad.html
Zu Kapitel 2.7.3:
  Frei nach Quelle: www.stangl-taller.at/Arbeitsblätter/Kommunikation/Joharifenster.shtml
Zu Kapitel 3.1:
  Frei nach Quelle http://www.zmija.de/mindmap.htm
  (Zugriff: 22.02.2005 22:15MEZ)
Zu Kapitel 3.4:
  Frei nach Quelle http://www.zmija.de/brainstorming.htm,
  (Zugriff: 22.02.2005 20:30MEZ)
Zu Kapitel 5.1:
  Frei nach Quelle : www.rauen.de/coaching-fachbegriffe/coaching-fachbegriffe_q-z.htm
zu Kapitel 5.2:
  Transaktionsanalyse Rautenberg/Rogoll:
      Werde, der du werden kannst.
      Persönlichkeitsentfaltung durch Transaktionsanalyse.
      Freiburg 2001 Herder Spektrum Verlag
Zu Kapitel 8.2:
  Frei nach http://lexikon.freenet.de/Eisbergtheorie
Zu Kapitel 9.1:
      Eckard König und Gerda Volmer, Systemisches
      Coaching, Handbuch für Führungskräfte, Berater und
      Trainer, Beltz
      Verlag Weinheim und Basel, 2002
Zu Kapitel 12.2.1, 12.2.2 und 12.2.3:
  Freud, S. (1913). Das Interesse an der Psychoanalyse.
  Gesammelte Werke Bd. 8. S. Fischer Verlag.
  Frankfurt am Main 1960.
  Freud, S. (1905). Drei Abhandlungen zur Sexualtheorie.
  Studienausgabe Bd. 5. Fischer Taschenbuch Verlag.

Frankfurt am Main 1982

Freud, S. (1912). Totem und Tabu. Studienausgabe Bd. 9. Fischer
Taschenbuch Verlag. Frankfurt am Main 1982.

Freud, S. (1915). Triebe und Triebschicksale. Studienausgabe
Bd. 3. Fischer Taschenbuch Verlag. Frankfurt am Main 1982.

Freud, S. (1923). Das ICH und das ES. Studienausgabe Bd. 3.
Fischer Taschenbuch Verlag. Frankfurt am Main 1982.

Freud, S. (1933). Neue Folge der Vorlesungen zur Einführung
in die Psychoanalyse. Studienausgabe Bd. 1. Fischer
Taschenbuch Verlag. Frankfurt am Main 1982.

Freud, S. (1930). Das Unbehagen in der Kultur. Studienausgabe
Bd. 9. Fischer Taschenbuch Verlag. Frankfurt am Main 1982.

Mertens, Wolfgang (2004): Psychoanalyse. Geschichte und
Methoden. München (C. H. Beck). ISBN: 3406418619

Anz, Thomas/Pfohlmann, Oliver (Hg.): Psychoanalyse in der
Wiener Moderne. Dokumente und Kommentare. (Psychoanalyse in
der literarischen Moderne. Bd. 1) Marburg:
LiteraturWissenschaft.de 2006.

Balint, M. (1973): Therapeutische Aspekte der Regression.
Reinbek bei Hamburg (Rowohlt Taschenbuch).

Bion, W. R. (1992): Lernen durch Erfahrung. Frankfurt a. M.
(Suhrkamp Taschenbuch).

Dornes, M. (1993): Der kompetente Säugling.
Die präverbale Entwicklung des Menschen. Frankfurt a. M.
(Fischer Taschenbuch).

Drews, S. & Brecht, K. (1982). Psychoanalytische Ich-Psychologie.
(Erste Auflage 1975). Suhrkamp Taschenbuch Wissenschaft.

Ellenberger, H. F. (dt. 1973). Die Entdeckung des Unbewußten.
2 Bde. Bern: Huber.

Erikson, E. H. (1987): Kindheit und Gesellschaft. Stuttgart
(Klett-Cotta).

Fonagy, P. (2003): Bindungstheorie und Psychoanalyse. Stuttgart
(Klett-Cotta).

Hoevels, F. E.: Der Ödipuskomplex und seine politischen
Folgen –
Grundfragen der Psychoanalyse, Ahriman-Verlag Freiburg
i.Br.
1985, ISBN 3-922774-00-8
Jacobson, E. (1973): Das Selbst und die Welt der Objekte.
Frankfurt a. M. (Suhrkamp Taschenbuch).
Kaplan-Solms, K./Solms, M. (2003): Neuropsychoanalyse.
Eine Einführung mit Fallstudien. Stuttgart (Klett-Cotta).
ISBN: 3608959890
Kernberg, O. F. (1981): Objekt-Beziehungen und die Praxis
der
Psychoanalyse. Stuttgart (Klett-Cotta).
Klein, M.(1972): Das Seelenleben des Kleinkindes und andere
Beiträge zur Psychoanalyse. Reinbek bei Hamburg
(Rowohlt Taschenbuch).
Klein, M. (1985): Frühstadien des Ödipus-Komplexes. Frühe
Schriften 1928-1945. Frankfurt (Fischer Taschenbuch
Verlag).
Kohut, H. (1979): Die Heilung des Selbst. Frankfurt a. M.
(Suhrkamp Taschenbuch).
Kutter, P. (1988). Moderne Psychoanalyse. München: Verlag
Internationale Psychoanalyse.
Moser, T. (1976): Lehrjahre auf der Couch. Bruchstücke
meiner
Psychoanalyse. Ulm (Suhrkamp). ISBN: 3518368524
Priskil, Peter: Freuds Schlüssel zur Dichtung - Drei Beispiele:
Rilke,
Lovecraft, Bernd, Ahriman-Verlag Freiburg i.br. 1994,
ISBN 3-89484-807-3
Stern, D. N. (1992): Die Lebenserfahrung des Säuglings.
Stuttgart
(Klett-Cotta).
Williams, Linda: Filmkörper. Geschlecht und Genre. In:
Feminismus
und Medien, Bern 1991. S. 249-278
Winnicott, D. W. (1974): Reifungsprozesse und fördernde
Umwelt.
Frankfurt a. M. (Fischer Taschenbuch).
Winnicott, D. W. (1983): Von der Kinderheilkunde zur

Psychoanalyse. Frankfurt a. M. (Fischer Taschenbuch).
Zeul, Mechthild: Bilder des Unbewussten. Zur Geschichte der
  psychoanalytischen Filmtheorie. In: Psyche 11, 48.
Jahrgang,
  November 1994, Stuttgart (Klett-Cota). S. 975-1003